作者简介

熊笑忠（James X. Xiong）：美国晨星公司（Morningstar, Inc.）投资管理部门量化研究总监（Head of Quantitative Research），注册金融分析师，美国休斯顿大学物理学博士。负责开发新的定量投资方法、危机风险管理、管理动量投资、投资组合优化、战略和动态的资产配置、保险产品的配置、选择共同基金及另类资产类投资，以及高级 Monte Carlo模拟。他在投资相关的领域进行了广泛的研究，并为投资咨询和软件开发提供研究支持。

他的论文发表在著名的金融分析师期刊（Financial Analysts Journal，12/2012，3/2012，2011，2010），金融机构的风险管理期刊(Journal of Risk Management in Financial Institutions)，投资组合管理期刊(Journal of Portfolio Management，2014，2013，2008)，及其他期刊。其中一篇2012年合著的在FAJ 发表的“The Liquidity Style of Mutual Funds”获得享有盛名的Graham & Dodd Scroll 奖。此外，他为 3 本学术书写了章节。

他应邀多次在尾端风险领域进行演讲。采访过他的媒体包括：华尔街日报，Ignites，Retirement Income Journal，Morningstar.com 的视频采访等。

他于2000年作为一名软件工程师加入美国晨星公司，后成为定量分析师。加入晨星公司之前，熊博士曾在美国著名的阿贡国家实验室，美国北伊利诺伊大学和休斯顿大学从事物理学研究。他在科学期刊上发表超过15篇论文。他的博士论文发现了高温氧化物超导体里的一个重要的新的结构相变，这一发现发表在物理学著名期刊《物理评论快报》（1996年，第76卷，第2997页）上。

他在1989年取得中国武汉大学物理学学士学位，1994年取得美国休斯顿大学物理学硕士学位，1996年取得美国休斯顿大学物理学博士学位。他还获得了注册金融分析师（CFA）证书。

资产和市场的尾端风险管理

Tail Risk Management for Assets and Markets

【美】 熊笑忠（James X. Xiong） 著

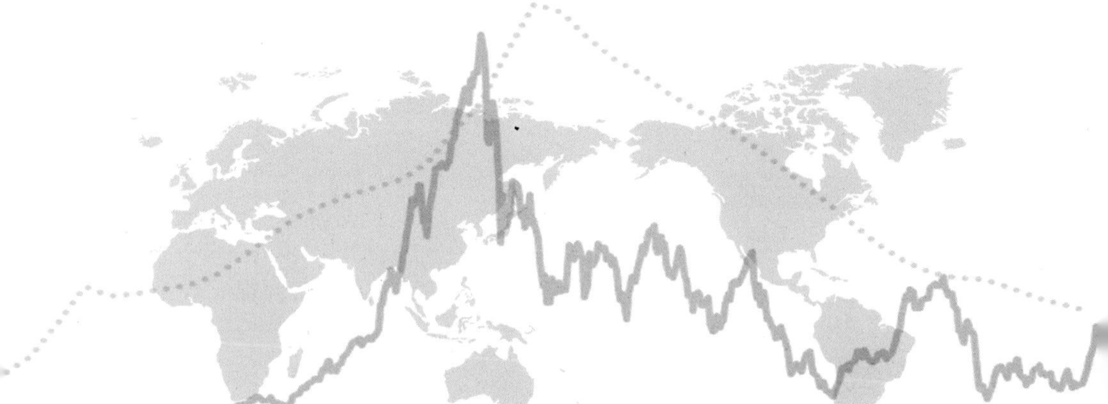

WUHAN UNIVERSITY PRESS
武汉大学出版社

图书在版编目(CIP)数据

资产和市场的尾端风险管理/[美]熊笑忠(James X. Xiong)著.—武汉:武汉大学出版社,2013.11
ISBN 978-7-307-12024-2

Ⅰ.资…　Ⅱ.熊…　Ⅲ.金融市场—风险管理—研究　Ⅳ.F830.9

中国版本图书馆CIP数据核字(2013)第264305号

责任编辑:范绪泉　　责任校对:鄢春梅　　版式设计:韩闻锦

出版发行:**武汉大学出版社**　(430072　武昌　珞珈山)
(电子邮件:cbs22@whu.edu.cn　网址:www.wdp.whu.edu.cn)
印刷:湖北睿智印务有限公司
开本:720×1000　1/16　印张:12　字数:170千字　插页:2
版次:2013年11月第1版　2013年11月第1次印刷
ISBN 978-7-307-12024-2　定价:30.00元

中文序

罗杰·亿博森（Roger G. Ibbotson）
耶鲁大学管理学院教授
Ibbotson Associates（现为晨星公司一个部门）创建人
斑马资本管理有限责任公司，董事长兼首席投资官

尾端风险即极端负面事件的风险。这些事件可以发生于整个经济，也可以发生于各类市场，如股票、房屋、艺术，甚至是郁金香市场。这些极端的负面事件通常尾随于高估资产的泡沫。当泡沫破灭时，我们就将面临极端负面事件。泡沫越大，负尾端事件的概率就越高。这就是尾端风险！

熊笑忠（James X. Xiong）博士在尾端风险领域著术甚丰。我曾亲自与熊先生合著本书的两个章节。我也与熊先生共同创作和发表了其他多篇文章。我可以证明，他是一个严谨的研究者，具有完备的数学、统计、经济和历史知识。他良好的沟通能力也令人印象深刻，虽然我承认，我们之间的合作和交流仅限于英文。

本书一开头就引用了很多著名的泡沫案例，它们都以泡沫破灭结束。这些案例涵盖发生于当前及历史上的经济、股票、住房等领域中的各类事件。它们爆发于不同区域如美国、欧洲、亚洲，尤其是中国。熊先生采用古典经济学以及行为金融理论来分析这些泡沫。他使用大量数据、各种统计模型和各种复杂模型（包括地震模型），分析它的概率分布，识别尾端风险。不对称的收益率也是尾端风险的一个关键要素。

熊先生不满足于仅仅描述尾端风险，作为整体的一部分，这本书也预测尾端风险。预测的关键点之一，不仅是错误的定价水平，

而且也包括价格加速增长。资产价格以更快的速度上涨是大跌或崩溃的重要原因。熊先生还采用对数周期幂律模型（来自地球物理学），来分析大量的案例研究，包括1929年的大跌、1987年股灾、1997年的亚洲金融危机、2000年互联网的崩溃、2007年中国股市崩溃和2012年国画指数崩溃。

一旦我们可以预测尾端风险，我们就知道如何管理它。本书向我们展示了我们如何运用均值-条件风险值优化来最大限度地减少尾端损失，如何使用期货和期权等来对冲尾端风险。它向我们展示了如何降低单个资产以及资产配置组合的尾端风险。它也向我们展示了如何对退休资产进行尾端风险管理。然而，它也告诉我们，已经过去的尾端风险在未来市场上有回报，所以要小心试图消除它！

这本重要的书主要由熊先生以前出版的和尚未出版的多篇文章组成。全部材料集合为一个连贯的整体，书中有很多的解释和案例研究。它同时也是一本严谨的专业投资书。James Xiong 已经向我们表明，尾端风险事件，既可预测，也可管理。

Roger G.Ibbotson

2013年10月9日

Preface

Roger G. Ibbotson
Professor in Practice, Yale School of Management
Founder, Ibbotson Associates, now a Morningstar company
Chairman & CIO, Zebra Capital Management, LLC
Oct. 9, 2013

Tail risk concerns the risk of extreme negative events. These events can happen to whole economies. They can also happen in various types of markets, such as the stock market, housing, art, or even tulips. These extreme negative events typically follow bubbles, when assets get way overpriced. When the bubbles pop, we get the negative event. As the pricing bubbles get larger, the probability and the magnitude of the negative tail event increase. This is the tail risk!

James Xiong has probably written as extensively on tail risk as any other author. I have personally co-authored with Mr. Xiong on two of the articles that make up part of this book. I have also co-authored with Mr. Xiong on many other articles. I can attest that he is a rigorous researcher, with a thorough knowledge of math, statistics, economics, and history. He is also an excellent communicator, although I will admit that I have only communicated with him in English, and not in the Chinese language that this book is written in.

Tail Risk Management starts out by motivating us with numerous examples of bubbles which all eventually popped. These include present as well as historical examples of economies, stocks, housing, etc. in various locations in the U. S., Europe, Asia, and particularly China. Mr.

Xiong then examines these bubbles using both classical economics as well as behavioral theories. He uses various measures including earthquake laws to identify the tail risk, looking at probability distributions, statistics, and complex models. Asymmetry of loss returns compared to gain returns, is a key ingredient of tail risk.

Not content to merely describe tail risk, Mr. Xiong includes a whole part of this book on forecasting tail risk. One of the keys to forecasting is not only the level of the mispricing, but the acceleration of prices. Asset prices that are recently rising at a faster rate than their past performance are candidates for a big drop or a crash. Mr. Xiong also uses the log-periodic power law model (from geophysics) to analyze numerous case studies including the crash of 1929, 1987, the Asian Crisis of 1997, the internet collapse of 2000, and the Chinese stock market crash of 2007 and the Chinese painting index bubble of 2012.

Once we can predict tail risk, we want to know how to manage it. This book shows us how we can minimize tail loss by running mean-conditional value-at-risk optimization and then hedge tail risk using futures, options, ETFs, etc. It shows us how we can mitigate the risk for both individual assets as well as for asset allocation portfolios. It also shows us how we can manage tail risk over our lifetime. However, it also shows us that past tail risk is rewarded by returns in the market place, so be careful about trying to eliminate it!

This important book is made up of both previously published and non-published articles. The material is synthesized into a coherent whole with lots of explanations, examples, and case studies. But it still provides the rigor to make this a serious book for the investment professional. James X. Xiong has shown us that tail risk matters, can be forecast, and can be managed.

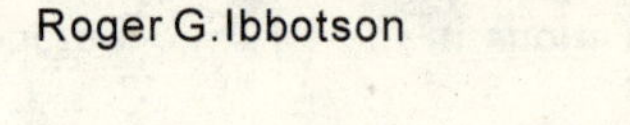

Roger G.Ibbotson

引　言

本书的尾端风险（tailrisk）主要应用于金融、投资等领域。尾端风险（tailrisk）的定义比较宽泛，它通常指极端事件或极端损失发生的可能性。有时人们称其为“黑天鹅”事件。它有时指3-西格玛，即资产或投资组合或市场的损失偏离均值超过3个标准偏差以上。比如某资产均值为10%，标准偏差为20%，3-西格玛即50%的损失。有时它指条件风险值（Conditional Value-at-Risk，简称CVaR）。尾端风险通常指左尾端风险（left tail risk），即极端损失。因为收益率分布的左边为负，右边为正。

经济的尾端风险即经济危机。它的特征是经济总量与经济规模出现较大的衰退，经济增长受到打击。经济危机往往伴随着企业大量倒闭，失业率提高，社会普遍的经济萧条，国家破产，甚至有些时候伴随着社会动荡或国家政治层面的更迭。

市场的尾端风险通常指股市崩溃、金融危机等。股市崩溃有时也是一种金融危机。金融危机可以分为货币危机、债务危机、银行危机等类型。它是指一个国家或几个国家与地区的全部或大部分金融指标（如短期利率、货币资产、证券、房地产、土地价格、商业破产数和金融机构倒闭数）的急剧恶化。常常随之而来的信用紧缩，是一种货币需求快速增长大于货币供给的状况。在几十年前金融危机基本上等同于银行挤提，现在则多以货币危机形式或某种混合形式的危机出现。很多学者提出很多理论来论证金融危机产生的原因，但至目前还没有取得共识。

股票市场崩溃是指股价短时间内大幅下滑而成为股票市场的重大转折。它一般指股票市场指数在几天之内或几个月之内跌20%或更多的情况。投机性的从众行为、正反馈、心理恐慌和深层次经济因素往往共同推动股市的泡沫和崩溃。正反馈意味着部分投资者的售出行为驱使更多投资者出售。一般说来，股市崩溃会在下列条件下产生：（1）它们往往伴随着技术或金融创新；（2）它们往往与疯狂的交易并存；（3）股市价格往往会加速增长；（4）它们会在没有任何警示的情况下突然破灭。

不仅是股票市场，其他市场如艺术品市场也会发生泡沫和崩溃。例如，从 2000 年到 2011 年，中国国画 400 指数收益率超过 700%。由于市场中充斥大量的投机者，艺术品投资者的羊群效应和正反馈很可能就是高收益率的原因。正反馈和羊群效应会使市场严重偏离基本面，导致市场不稳定，甚至崩溃。在随后的 1 年（2012 年）内，国画 400 指数跌幅便超过 40%。

Cerulli Associates 的一份 2011 年底的调查报告显示，2015 年预计亚洲（日本除外）的资产管理规模将增长近 1 倍，至 4 万亿美元，其规模的扩大受惠于不断扩大的中产阶层、新增的保险及退休金资产、外债和企业资产的扩张，以及外国投资者的投资兴趣上升等。亚洲有机会成为全球最大的资产管理市场之一。特别是中国，在未来的一段时期内，对本地区及外国投资者都将充满强劲的吸引力。报告也指出，人民币 QFII（合格境外机构投资者）有可能改变中国基金经理之间的能力和影响力。随着人民币更加普及和流通性增加，投资者不但加大对中国资产的投资，同时也增加人民币的投资，这将推动中国基金产品的需求上升。

因此，资产的风险管理，特别是左尾端风险管理，变得越来越重要。上面提到了尾端风险对经济和市场的严重影响。从投资者的层面来看，他们面临血本无归的尾端风险，严重影响其退休计划，甚至有自杀事件出现。2000 年互联网泡沫破灭后，本书作者见证了一些在通信行业工作的老人，面临即将退休却因公司股票严重缩水而不能如期退休的困境。

金融市场是个复杂系统。在这种复杂系统里，投机性泡沫很容易由正反馈作用或其他机制产生。更有挑战的是，正如 James Rickards 在他的《货币战争》一书中所论述的，伴随着复杂系统的扩大，有两件事情会发生：一个是指数倍增加的运营成本，一个是剧烈增大的灾难可能性。“末日博士”Nouriel Roubini 也曾经对 slate. com 说：“我们的世界就是一场多米诺骨牌游戏，任何一张骨牌都可能带来全球崩盘的上演。”

当然，这并不意味着我们将无所作为，或坐以待毙。对这个复杂系统的更多了解至少能帮助我们减少灾难，就像地震预警系统能减少成千上万的伤亡一样。我们已经看到了大量的研究成果，但我们还有大量的工作要做。这本书就是为此做出的一种努力和尝试。

本书分成三个部分。第一部分全面剖析尾端风险，对一些影响深远的泡沫和危机事件作了历史的回顾，对泡沫和崩溃的起源和原理进行了经济心理、统计和物理学的深层次分析。接着简要介绍了极值理论和不对称相关性。这一部分也包括目前流行的指数交易（ETF）、和高频交易（HFT）对市场系统风险的影响。第二部分尝试了如何利用价格的加速增长、成交量上升、投资者情绪指数（investor' s sentiment）、状态转换模型（regime switching model）和对数周期性幂律模型（log-periodic power law，LPPL）对尾端风险进行预测和防范。第三部分讨论尾端风险的管理，详细介绍了均值—尾端损失最小优化（mean-conditional value-at-risk optimization，M-CVaR），波动率和尾端风险的风险溢价，如何动态地规避市场风险，如何应用期权等衍生工具来规避尾端风险，以及一些新型保险产品对退休资产的规避风险功能。

本书融合了作者从 2008 年至今在这一领域的主要研究成果和实践心得（包括他在主流期刊发表的近 10 篇论文和三本书的章节），以及大量金融学术界和投资职业界的最新研究成果和实践结晶。它适合金融、银行、投资、保险、证券、基金等领域的研究者、大学研究生和理财从业者，也适用于这些领域的监管者。

我对写作此书过程中得到的帮助、建议和鼓励表示衷心的感谢。各位的提携、推动和关照，终令此书得以杀青付梓。我首先真诚感谢我在尾端风险研究领域发表的一些论文和书章的合作者：Roger Ibbotson，Thomas Idzorek，Peng Chen，Paul Kaplan，Rodney Sullivan，Michele Gambera，Zhongyu Zhang，Peng Wang，Katsunari Yamaguchi 和 David Blanchett，等等。特别感谢武汉大学金融学系叶永刚教授为我推荐此书给编辑，多年来，我们的学术交流令我受益匪浅。由衷感谢武汉大学出版社的范绪泉老师鼎力支持我写作此书。最后，对我太太冯可云自始至终的帮助和支持，对每日聆听儿子 Alex Xiong（中文名：熊逢千）拉大提琴所带来的灵感，以及对我母亲、岳父母和姐妹给我的关爱，一并表示最真挚的谢意。

学无止境，不足之处，敬请读者雅正。建议和批评请寄：

James_ Xiong@ yahoo. com

目　录

第一部分　资产和市场的尾端风险剖析 …… 1

1.1　史上著名的市场泡沫和崩溃 …… 2

1.1.1　郁金香狂热 …… 3

1.1.2　南海泡沫事件 …… 4

1.1.3　大萧条 …… 5

1.1.4　日本经济泡沫 …… 7

1.1.5　1987 年全球股灾 …… 10

1.1.6　亚洲金融危机 …… 11

1.1.7　2000 年互联网泡沫 …… 14

1.1.8　美国住房市场泡沫和次贷危机 …… 17

1.1.9　中国股市泡沫 …… 21

1.1.10　中国书画市场的泡沫 …… 22

1.2　资产和市场尾端风险的经济和心理分析 …… 25

1.2.1　Minsky 的金融不稳定假说 …… 25

1.2.2　噪声交易理论 …… 26

1.2.3　卖空受限 …… 27

1.2.4　异质信念 …… 27

1.2.5　转售权的泡沫理论 …… 28

1.2.6　泡沫破灭 …… 29

1.2.7　泡沫引起的过度投资 …… 29

1.2.8　过度自信 …… 30

1.2.9　羊群效应和市场波动 …… 31

1.3　资产和市场尾端风险的统计分析 …… 35

1.3.1　正态分布严重低估尾端风险 …… 36

1.3.2 尾端风险度量…………………………………………… 37
1.3.3 Lévy 稳定分布 ………………………………………… 38
1.3.4 截断列维（TLF） ……………………………………… 40
1.3.5 Student's t-分布 ……………………………………… 42
1.3.6 混合正态分布 ………………………………………… 43
1.3.7 GARCH 模型 ………………………………………… 43
1.3.8 主要指数的收益率厚尾分布建模……………………… 44
1.4 资产和市场尾端风险的物理学分析………………………… 54
1.4.1 地震规律的应用………………………………………… 55
1.4.2 破产股票的统计物理分析……………………………… 56
1.5 极值理论…………………………………………………… 58
1.6 不对称的相关性与市场偏度………………………………… 61
1.6.1 测量不对称相关性……………………………………… 62
1.6.2 不对称相关和市场负偏度的关系……………………… 63
1.6.3 个股正偏度和市场负偏度……………………………… 64
1.7 指数交易如何增加市场的脆弱性…………………………… 67
1.7.1 指数交易的增长………………………………………… 68
1.7.2 测量交易的共性………………………………………… 69
1.7.3 测量成对相关性………………………………………… 71
1.7.4 指数交易对投资组合的影响…………………………… 72
1.8 高频交易（HFT）对市场的冲击…………………………… 74
1.8.1 2010 年 5 月 6 日的闪电崩盘 ………………………… 75
1.8.2 充满争议的高频交易…………………………………… 76
1.8.3 市场结构和闪电崩盘…………………………………… 77
1.8.4 羊群效应和高频交易…………………………………… 77

第二部分 资产和市场尾端风险的预测 ……………………… 80
2.1 加速增长能导致崩溃………………………………………… 81
2.1.1 价格加速增长…………………………………………… 83
2.1.2 股灾测量方法…………………………………………… 83
2.1.3 横截面回归分析设置…………………………………… 85

2.1.4　预测股票崩溃 …… 85
2.1.5　加速增长对投资组合的影响 …… 89
2.1.6　预测市场崩溃 …… 92
附录　ECVaR（Excess Conditional Value-at-Risk） …… 93
2.2　投资者情绪指数 …… 96
2.3　状态转换模型 …… 100
2.3.1　Markov 转换过程 …… 101
2.3.2　实例分析 …… 101
2.4　对数周期性幂律模型 …… 106
2.4.1　1929 年 S&P 500 指数崩溃 …… 107
2.4.2　1987 年 S&P 500 指数崩溃 …… 108
2.4.3　1997 年香港恒生指数崩溃 …… 109
2.4.4　2000 年纳斯达克指数崩溃 …… 109
2.4.5　预测 2007 年中国股市崩溃 …… 110
2.4.6　预测中国国画 400 指数泡沫破灭 …… 111
附录　对数周期性幂律量化公式 …… 112

第三部分　资产和市场的尾端风险管理 …… 114
3.1　左尾损失最小化 …… 115
3.1.1　模拟非正态分布 …… 116
3.1.2　条件风险值 …… 116
3.1.3　M-CVaR 优化 …… 117
3.1.4　假设的 4 个简单资产 …… 118
3.1.5　情形 1：零偏度和相同峰度 …… 119
3.1.6　情形 2：零偏度和不同峰度 …… 121
3.1.7　情形 3：非零偏度和相同峰度 …… 121
3.1.8　情形 4：非零偏度和不同峰度 …… 121
3.1.9　总结情形 1-4 …… 125
3.1.10　情形 5：14 个资产类的投资组合 …… 126
附录　多元 TLF 分布 …… 133
3.2　波动率与左尾风险的溢价 …… 136

3.2.1 测量波动性与尾端风险 …………………………… 138
3.2.2 波动性溢价和尾端风险溢价 ………………………… 140
3.2.3 波动率和尾端风险的 alpha ………………………… 145
3.2.4 Fama-MacBeth 回归分析 ………………………… 146
3.2.5 基金的 β 与 Coskewness ………………………… 148
附录 股票基金的非正态分布 ………………………… 152
3.3 期权或期货规避尾端风险的策略 ………………………… 153
3.3.1 上下限期权（Collar） ………………………… 153
3.3.2 VIX 期货 ………………………… 155
3.3.3 CBOE VIX 规避尾端风险指数 ………………………… 157
3.3.4 VIX 看涨期权与 S&P 500 的看跌期权 ………………………… 159
3.4 动态资产配置与风险控制策略 ………………………… 160
3.4.1 基于市场波动率的动态调整 ………………………… 161
3.4.2 基于市场流动性的动态调整 ………………………… 162
3.5 新型保险产品的规避风险功能 ………………………… 169
3.5.1 终身 GMWB 概述 ………………………… 171
3.5.2 终身 GMWB 的定价 ………………………… 172
附录 A VA + GMWB 合约的价值 ………………………… 175
附录 B 终身 GMWB 的定价 ………………………… 175

第一部分　资产和市场的尾端风险剖析

第一部分我们将全面剖析尾端风险。尾端风险(tail risk)通常指极端事件或极端损失发生的可能性。有时人们称其为"黑天鹅"事件。它有时指3-西格玛，即资产或投资组合或市场的损失偏离均值超过3个标准偏差以上。

第一章对一些影响深远的发生在世界多国的泡沫和崩溃事件作了历史的回顾。其中从1929年开始持续4年的大萧条，对千百万人而言，生活成为吃、穿、住的挣扎。甚至它被认为是第二次世界大战爆发的一个重要根源。

接着，本部分对泡沫的产生和崩溃作了经济和心理学的分析。对经济学提出的一些重要泡沫理论作了介绍，如Minsky的金融不稳定性假设，噪声交易理论，卖空受限，异质信念，转售权的泡沫理论。心理学上的理论包括过度自信和羊群效应等。资产和市场的泡沫有几个共同特点：(1)它们往往伴随着技术或金融创新；(2)它们往往伴随着疯狂的交易；(3)资产的价格加速增长；(4)它们会在没有任何警示的情况下突然破灭。

第三章是对尾端风险的统计学分析。本章重点介绍几种很有实用价值的左尾的建模，因为它们反映了资产市场的崩溃，认识它对下行风险的管理有重要作用。这些厚尾模型对很多基于收益率的Monte Carlo模拟来说具有重要意义。

第四章介绍了用物理学的一些方法，如地震的一些规律，来研究市场崩溃时的动力学。

第五章的极值理论被广泛地用于保险业。保险公司需要对洪水、风暴和飓风等极端事件的发生几率进行评估。现在极值理论也被用于金融市场。

第六章讨论不对称相关性和市场负偏度的关系。认识不对称的相关性对多元化组合具有重要意义，因为当各类资产价值在下行市场同时下降时，多元化组合分散风险的功能也下降。不对称的相关性和市场偏度之间存在一个线性关系，意谓着不对称相关与市场负偏度紧密相关。不对称相关性能够解释为什么个股的偏度平均起来是正的，而市场的偏度却是负的。

第七章讨论了目前流行的指数交易对市场相关性增加的影响。被动管理的指数型基金及交易所买卖基金（ETF），已经历了近10年的加速增长。被动投资的交易量增长具有重要的后果。它意味着交易共同性的增加。交易共同性即多个股票同时买卖。这种交易的共同性的增加推动了市场的关联度上升，因此系统性风险水平上升，从而降低整个股票市场多元化的好处。

第八章讨论了高频交易（HFT）对市场系统风险的影响。一些报告说，高频率能降低波动性和不构成系统性风险，能降低散户投资者交易成本，而不会影响长期投资者。有其他的研究则认为交易的流动性超出一定范围，实体经济不再额外地受益，此时流动性的增加易于导致羊群效应，可能引发系统性不稳定，并最终崩溃。

1.1 史上著名的市场泡沫和崩溃

在这一章，我们简要回顾史上发生的一些著名的市场泡沫事件。它们包括荷兰郁金香狂热（1634—1637）、英国南海泡沫（1719—1720）、美国大萧条（1921—1932）、日本股市泡沫（1982—2003）、美国互联网泡沫（1995—2001）、美国房地产泡沫和信贷危机（2000—2009）和中国股市泡沫（2005—2008）等。表1.1.1列举了这几个泡沫事件的涨幅和跌幅。它们的共同特征是价格疯狂飙高过后暴跌，导致市场上一片混乱。更有甚者，出现经济衰退和大规模失业。

表 1.1.1　史上有名的几个泡沫事件的涨幅和跌幅

泡沫事件	涨幅	跌幅
荷兰郁金香狂热（1634—1637）	5 900%	-93%
英国南海泡沫（1719—1720）	1 000%	-84%
美国大萧条（1921—1932）	497%	-87%
日本股市泡沫(1982—2003)	440%	-80%
美国互联网泡沫(1995—2001)	733%	-78%
美国信贷危机(2000—2009)	房市 100%	股市 -55%
中国股市泡沫(2005—2008)	480%	-70%

1.1.1　郁金香狂热

1637 年发生在荷兰的郁金香狂热潮，是世界上最早的泡沫经济事件。当时由鄂图曼土耳其引进的郁金香球根异常地吸引大众抢购，导致价格疯狂飙高达 5 900%，在泡沫化过后，价格仅剩下不到高峰时的 10%。

郁金香狂热可以分成三个阶段：第一阶段是郁金香的美丽吸引了手头宽裕的植物爱好者，郁金香的球根由于供需不平衡而变得价高；第二阶段是郁金香的大受欢迎引起了投机分子的目光，他们对于栽培郁金香或是欣赏花的美丽并没有兴趣，只是为了哄抬价格取得利润；第三阶段则是郁金香交易在短时间内让人一掷千金的传言在工匠和农民之间广为流传，吸引他们进入了这个交易市场，他们原本没有资金，所以仅从买得起的程度开始进行，这种情况使得非顶级的品种价格也开始抬升，渐渐出现了因转卖而取得利益的民众。

有意思的是市场的交易模式至此也开始改变，开始出现全年交易和引进了世界上最早的期货交易制度。这种交易的模式并非是前往正式的证券交易所，而是前往酒店。交易也不需要使用现金或是现货，而是提出一份“明年 4 月支付”、“那时候会交付球根”的票据，或是加上少许的预付款即可完成交易。这个预付款也并非限定只能使用现金，如家畜或家具只要可以换钱的东西都可以抵用。因此这样的票据转过数手也出现了会连谁是债权人谁是债务人都不知道的情况。这种预付的制度也吸引了原本完全没有资金的投机者参加，从面包师傅到农民都加入这个市场，因此需求量再次膨胀，就算是原本便宜的品种价格也开始飞涨。

1637年2月初，价格突然暴跌。与其说是暴跌不如说是找不到买家，因为票据无法兑现，导致无法付出货款却又背负债务的人据说达到3 000人。荷兰各都市陷入混乱，其中有人还同时身兼债权和债务人。虽然有人起诉，但是在债务人明显没有偿还能力的情况下，事情无法寻得解决的途径。最后议会和市政府展开行动，做出了“在调查结束之前保留郁金香的交易”的决定，这个决定使得票据失效，却很快把问题解决，留下少数的破产者和暴发户，郁金香狂热就此结束。事件之后荷兰人一度厌恶郁金香，这个狂潮也被视为一个教训传承下去。

1.1.2 南海泡沫事件

南海泡沫事件(South Sea Bubble)是英国在1720年春天到秋天之间发生的一次经济泡沫。事件起因源于南海公司(South Sea Company)。南海公司在1711年创立，它表面上是一间专营英国与南美洲等地贸易的特许公司，但实际上是一所协助政府融资的私人机构，分担政府因战争而欠下的债务。南海公司在夸大业务前景及进行舞弊的情况下被外界看好。到1720年，南海公司更透过贿赂政府，向国会推出以南海公司股票换取国债的计划，促使南海公司股票大受追捧，股价由原本1720年年初约120英镑急升至同年7月的1 000英镑以上，全民疯狂炒股。然而，市场上随即出现不少“泡沫公司”混水摸鱼，试图趁南海公司股价上升的同时分一杯羹。为规管这些不法公司的出现，国会在6月通过《泡沫法案》，炒股热潮随之减退，并连带触发南海公司股价急挫，至9月暴跌回190英镑以下的水平，不少人血本无归。

南海泡沫事件对英国带来很大震荡，人们对股份公司留有阴影，而在事件中制定的《泡沫法案》一直到1825年才废除，反映国民经过长时间才慢慢对股份公司重拾信心。发现万有引力和三大运动定律的著名物理学家牛顿爵士在南海泡沫事件中也是受害者之一。他在第一次进场买入南海股票时曾小赚7 000英镑，但第二次买进时已是股价高峰，结果大蚀2万英镑离场。牛顿曾因而谓叹："我能算准天体的运行，却无法预测人类的疯狂。"(I can calculate the motions of heavenly bodies, but not the madness of people.)

1.1.3 大萧条

大萧条(Great Depression)，是指1929年至1933年之间全球性的经济大衰退。大萧条的影响比历史上任何一次经济衰退都要来得深远。

20世纪20年代被称为"新时代"，财富和机会似乎向刚在第一次世界大战中获胜的美国人敞开了大门。整个社会对新技术和新生活方式趋之若鹜，"炫耀性消费"成为时代潮流。胡佛总统也认为，"我们正在取得对贫困战争决定性的前夜，贫民窟将从美国消失"。

然而好景不长。1929年10月24日对美国股市而言是个黑色星期四。这一天，美国金融界崩溃了，股票一夜之间从巅峰跌入深渊，价格下跌之快连股票行情自动显示器都跟不上。从1929年10月24日到11月13日短短的两个星期内，共有300亿美元的财富消失，相当于美国在第一次世界大战中的总开支。图1.1.1显示了S&P 500指数从1926年1月至1932年12月的走向(数据来源：Morningstar Encorr)。从1929年10月至1932年5月，S&P 500指数损失了80%以上。

但美国股票市场崩溃不过是一场灾难深重的经济危机爆发的火山口。随着股票市场的崩溃，美国经济随即全面陷入毁灭性的灾难之中，可怕的连锁反应很快发生：疯狂挤兑、银行倒闭、工厂关门、工人失业、贫困来临、有组织的抵抗、濒临内战。农业资本家和大农场主大量销毁"过剩"的产品，用小麦和玉米代替煤炭做燃料，把牛奶倒进密西西比河。城市中的无家可归者用木板、旧铁皮、油布甚至牛皮纸搭起了简陋的栖身之所，这些小屋聚集的村落

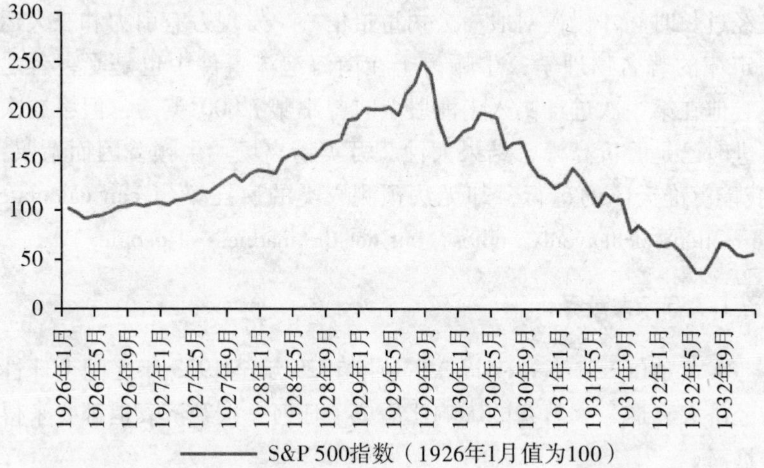

图 1.1.1　大萧条时期的 S&P 500 指数(1926 年 1 月值被设为 100)

被称为“胡佛村”。流浪汉的要饭袋被叫做“胡佛袋”，由于无力购买燃油而改由畜力拉动的汽车叫做“胡佛车”，甚至露宿街头长椅上的流浪汉上盖着的报纸也被叫做“胡佛毯”。街头上的苹果小贩则成了大萧条时期最为人熟知的象征之一。在那些被迫以经营流动水果摊讨生活的人中，有许多从前是成功的商人或银行家。

股票市场的大崩溃导致了持续 4 年的大萧条，这次经济危机很快从美国蔓延到其他工业国家。对千百万人而言，生活成为吃、穿、住的挣扎。各国为维护本国利益，加强了贸易保护的措施和手段，进一步恶化世界经济形势，这是第二次世界大战爆发的一个重要根源。

大萧条也造成了严重的社会问题。大萧条期间约有 200 万 ~ 400 万中学生中途辍学；许多人忍受不了生理和心理的痛苦而自杀；社会治安日益恶化。其中最重要的问题是失业。在美国，失业人口总数达到了 830 万，在美国各城市，排队领救济食品的穷人长达几个街区。英国则有 500 ~ 700 万人失业，人们不得不排着更长的队伍等候在劳务交易市场内。

1.1.4 日本经济泡沫

日本泡沫经济是日本在20世纪80年代后期到20世纪90年代初期出现的一种经济现象。根据不同的经济指标，这段时期的长度有所不同，但一般是指1986年12月到1991年2月之间的4年零3个月的时期。这是日本第二次世界大战后仅次于20世纪60年代后期的经济高速发展的第二次大发展时期。

这次经济浪潮受到了大量投机活动的支撑，因此随着20世纪90年代初泡沫破裂，日本经济出现大倒退。日本泡沫经济形成的原因中，有两种针锋相对的观点：

1. 日元升值是经济泡沫形成的主要原因。日元升值后出口下降，导致日本被迫采取低利率政策，引起货币宽松，因而导致经济泡沫。

2. 日元升值本身不是经济泡沫的原因，而是低利率政策导致了经济泡沫。降低利率对国内基本消费需求没有刺激作用，但对投资行为却能起很大的促进作用，当时采取这样的政策，本身就是以虚假的经济泡沫去粉饰经济增长的数据。

由于上述因素叠加在一起，日本国内兴起了投机热潮，尤其在股票交易市场和土地交易市场更为明显。图1.1.2显示了日本经济泡沫前后的土地价格和股市指数(日本Nikkei 225，即日经指数)。其中，受到所谓“土地不会贬值”的土地神话的影响，以转卖为目的的土地交易量增加，地价开始上升。当时东京23个区的地价总和甚至达到了可以购买美国全部国土的水平，而银行则以不断升值的土地作为担保，向债务人大量放款。此外，地价上升也使得土地所有者的账面财产增加，刺激了消费欲望，从而导致了国内消费需求增长，进一步刺激了经济发展。

1985年到1988年期间，随着日元急速升值，日本企业的国际竞争力虽有所下降，但是国内的投机气氛依然浓烈。1987年，投机活动波及所有产业，当时乐观的观点认为只要对土地的需求高涨，经济就不会衰退，而且市场也鼓励人们不断购买股票，声称股票从此不会贬值。当时只有少数观点认为土地价格已经远远超过其

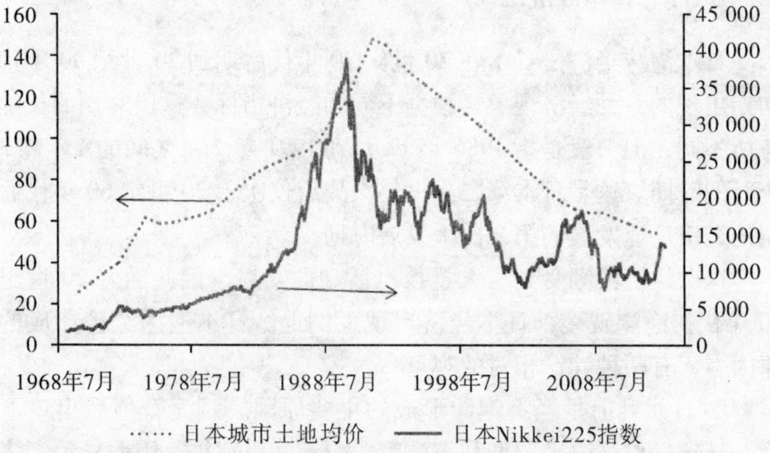

图 1.1.2　日本经济泡沫前后的土地价格和股市指数

数据来源：日本城市土地均价来自 http：//www. stat. go. jp/english/data/nenkan/1431-17. htm；Nikkei 225，指数来自 Morningstar Encorr.

实际需求，日本经济将在不久的将来陷入衰退。

从经济学原理来说，土地价格上升，导致租用土地的工厂或写字楼的企业盈利率下降。但是，日本企业普遍实行以账面价值来计算土地资产，从表面上看企业的收益率并无变化，然而账面价值与现实价值的差额就导致了账面财产增加，从而刺激日本企业追求总资产规模而非收益率。

当时为了取得大都市周边的土地，许多大不动产公司会利用黑社会力量用不正当手段夺取土地，从而导致了严重的社会问题，而毫无收益可能的偏远乡村土地也作为休闲旅游资源被炒作到高价。从土地交易中获得的利润被用来购买股票、债券、高尔夫球场会员权，另外也包括海外的不动产（如美国洛克菲勒中心）、名贵的艺术品和古董、豪华跑车、海外旅游景点等。当时这种资金被称为“日本钱”（Japan Money）而受到世界经济的关注和商家的追捧。当时随着股票价格上升，日本国内购买法拉利、劳斯莱斯、日产CIMA 等高档轿车的消费热潮也不断高涨。

期待通过资产价值上升而获得利润的手法，随着资产价格的上升会越来越难以奏效。当资产价格最终停留在高水平时，最终的资产持有者将无法获得收益。但可怕的不仅如此，一旦资产价格回落到之前的水平，那么资产持有者将承受与其所有前手所获得的利润相当的亏损。因此，缺乏持续性的资产价格逐渐进入平稳状态。另一方面，对推崇一户一屋的日本都市来说，地价上升带来了严重的住宅不足问题。居住在大城市的普通劳动者，根本无法承担高额的地租和房租，只能被迫迁往郊区。当时这种状况导致了人们早买早赚的心理，进一步刺激了地价上升。

1989 年，日本泡沫经济迎来了最高峰。当时日本各项经济指标达到了空前的高水平，但是由于资产价格上升无法得到实业的支撑，所谓泡沫经济开始走下坡路。一旦投机者丧失了投机欲望，土地和股票价格将下降，因此导致账面资本亏损，由于许多企业和投机者之前将上升的账面资本考虑在内而进行了过大的投资，从而出现负债。随着中央政府金融缓和政策的结束，日本国内资产价格的维持可能性便不再存在。

1989 年 12 月 29 日，日经指数达到最高 38 957. 44 点，此后开始下跌，土地价格也在 1991 年左右开始下跌，泡沫经济开始正式破裂(见图 1. 1. 2)。到了 1992 年 3 月，日经指数跌破 2 万点，仅为 1989 年最高点的一半，8 月，进一步下跌到 14 000 点左右。大量账面资产在短短的一两年间化为乌有。

1990 年 3 月，日本大藏省发布《关于控制土地相关融资的规定》，对土地金融进行总量控制，这一人为的急刹车导致了本已走向自然衰退的泡沫经济加速下落，并导致支撑日本经济核心的长期信用体系陷入崩溃。此后，日本银行也采取金融紧缩的政策，进一步导致了泡沫的破裂。由于土地价格也急速下跌，由土地作担保的贷款也出现了极大风险。当时日本各大银行的不良贷款纷纷暴露，对日本金融造成了沉重打击。

大幅短期衰退的可怕在于出现了来不及脱身的大量“套牢族”，从房屋、土地到股市、融资都有人或公司大量破产，之后产生的恐慌心理使得消费和投资紧缩的加乘效应，不只毁掉泡沫成分也伤了实体经济。土地与股市的套牢金额通常极大，动辄超过一个人一生所能赚取的金额，导致许多家庭悲剧，多数的输家和高点买屋的一般家庭则成为负债者。

1.1.5　1987 年全球股灾

黑色星期一是指 1987 年 10 月 19 日(星期一)的股灾。当日悉尼股市首先开市未见异动。香港时间早上 10 时，香港股市准时开市，恒生指数开市即受纽约股市 10 月 16 日跌 5% 的影响恐慌性下泻 120 点，中午收市下跌 235 点，全日收市共下跌 420.81 点，收市报 3 362.39（超过 10%）。

受香港股市暴跌影响，各亚太地区股市全面下泻，效应如骨牌般随各时区陆续开市扩展至欧洲市场，并最终绕地球一圈回到纽约，S&P500 指数在 10 月 19 日大幅下跌超过 20%(见图 1.1.3)。1987 年 10 月，全球主要股市的跌幅如下：

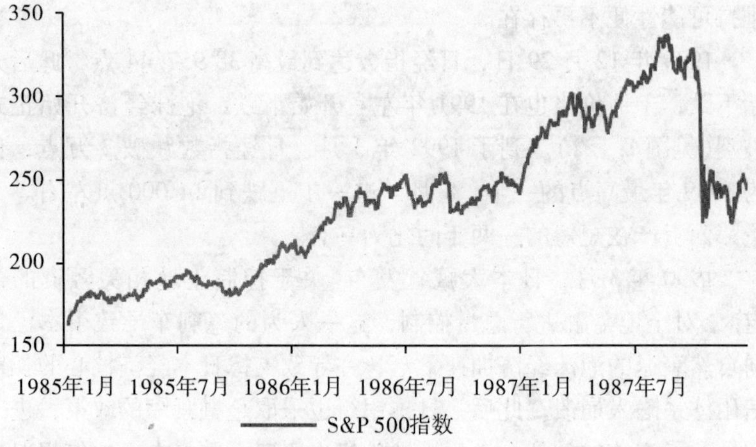

图 1.1.3　S&P 500 指数经历黑色星期一(1987 年 10 月 19 日)

香港下跌 45.8%；

悉尼下跌 41.8%；

伦敦下跌 26.4%；

多伦多下跌 22.5%；

纽约下跌 21.6%。

股灾后很多人提出不同的理论，主要认为股灾成因包括：程式交易、股价过高、市场上流动资金不足和羊群心理。

最多人认同的理论是股灾由程式交易引起。程式交易用电脑程式时时计算股价变动和买卖策略，在 20 世纪 70 年代末渐在华尔街盛行，程式交易令大宗的股票交易和期指交易可同时买卖。股灾后很多人说电脑程式看到股价下挫，便按早就在程式中设定的机制加入抛售股票，形成恶性循环，令股价加速下挫，而下挫的股价又令程式更大量地抛售股票。也有人认为股灾前的股市暴涨是由程式交易引起（上升原理相同，股价方向相反而已），而因此造成的股价过高现象引致股灾。

经济学家 Richard Roll 认为市场全球化是主因，因程式交易只在美国盛行，但没有太多程式交易的香港和澳洲股市却在 10 月 19 日当天带头下挫，因此是因为市场全球化令在一个主要股市的大幅波动在一天内蔓延全球股市。

有理论认为货币政策和经济政策的冲突是原因：当时美国当局希望让美元升值来压制通胀，因此货币政策的紧缩比欧洲货币政策的调整快，结果令市场对与美元挂钩的港元信心下降，令香港股市首先崩挫，再蔓延至其他市场。

还有一个理论认为股灾纯粹是因市场人士的随机行为引起：极短时间内有一定数量的沽盘而同时买盘不足致股价急剧下挫，而这下挫又引起其他投资者不安而跟进沽售，终致连锁反应的下跌。

1987 年的股灾并没有像 1929 年的股灾般导致大萧条，因此现在也有意见认为 1987 年的股灾年并非股灾，而只是自 1980 年至 2000 年的一次连续 20 年的牛市中的一次较大幅的市场调整。

1.1.6　亚洲金融危机

亚洲金融危机发生于 1997 年 7 月至 10 月，由泰国开始，之后进一步影响了邻近亚洲国家的货币、股票市场和其他的资产价值。印尼、韩国和泰国是受此金融危机波及最严重的国家。香港、老挝、马来西亚和菲律宾也波及。图 1.1.4 显示了亚洲金融危机期间的香港恒生指数。中国大陆、台湾省、新加坡受影响程度相对较轻（中国大陆在此次金融危机前实行宏观调控，并因市场尚未完全开放，使损失得到减少）。日本则处在泡沫经济崩溃后自身的长期经济困境中，受到此金融危机的影响并不大。

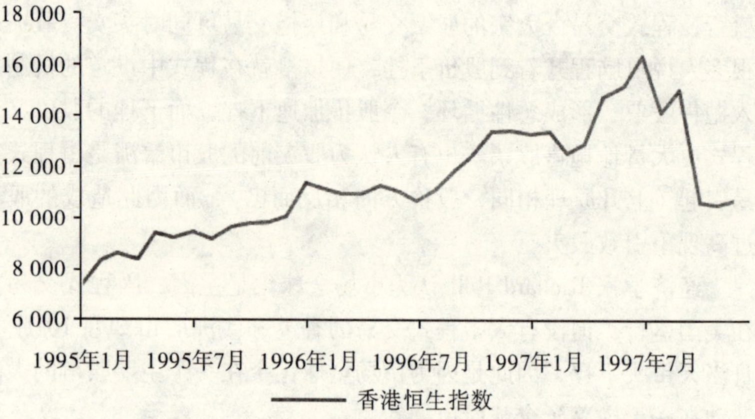

图 1.1.4　亚洲金融危机期间的香港恒生指数

1989 年，亚洲吸引了将近一半的向发展中国家的资本净流入。南亚经济体，以其高利率，尤其吸引追逐高回报率的外国投资者。因此，这个区域流入巨额的资金，经历了剧烈的资产价格上涨。与此同时，泰国、马来西亚、印度尼西亚、新加坡和韩国经济在 20 世纪 80 年代末、90 年代初经历了 8% ~12% 的高 GDP 增长。这被称为“亚洲经济奇迹”。

90 年代中期，一系列事件冲击着经济环境：人民币和日元的贬值、美国利率的上升及进而走强的美元、半导体价格的骤降，这些都影响了它们的经济增长。当美国经济在 90 年代早期从衰退中恢复时，格林斯潘领导的美联储开始提高美国利率来对抗通货膨胀。相较于南亚一直以较高的短期利率吸引热钱，这使得美国成为比南亚各国更有吸引力的投资目的地，这抬高了美元的价值。对于那些把货币钉住美元的南亚国家来说，走高的美元使得它们的出口更加昂贵、失去国际竞争力。同时，1996 年春，南亚国家的出口增长预期显著下滑，使它们的经常账户更为恶化。

一些经济学家提出把中国的出口增长作为南亚国家出口放缓的因素之一，不过，这些经济学家仍然认为主因在于过度的房地产投机行为。在 90 年代开始实行一系列出口导向改革之后，中国与其他亚洲出口国开始竞争。其他经济学家则否认中国的影响，并指出南亚国家和中国在 90 年代早期都经历了快速出口上涨。许多经济学家认为亚洲金融危机不仅由市场心理或技术导致，更是由扰乱借贷激励的政策所导致。大量的信用关系使经济杠杆化严重，推高资产价格直到一个无可维持的地步。资产价格最终崩溃，迫使个人和企业对债务违约。

巨大的恐慌导致债务债权的大量逃出，带来信用紧缩和破产。另外，在外国投资者尝试着取出现金时，外汇市场便被危机国家的货币淹没，加大它们的贬值压力。为了避免货币崩溃，这些国家的政府把国内利率提到极高的程度（使借出钱对投资者更有吸引力，以缓解资本外逃的现象）；为了干涉外汇市场，用外汇储备以固定汇率买下多余的本国货币。然而，这两种政策都不可能长期维持。

很高的利率本身就可能危害一个健康的经济体，对一个脆弱的经济将会造成严重的灾难，而政府正在耗竭数目有限的外汇储备。当资本外逃之势无可避免之时，当局便放弃固定汇率，转而允许汇率浮动。本国汇率的贬值意味着，那些以外汇标价的负债转以本国货币的标价急速上涨，这就导致更多的破产、危机加深。

此危机迫使除了港币之外的所有东南亚主要货币在短期内急剧贬值，东南亚各国货币体系和股市的崩溃，以及由此引发的大批外资撤逃和国内通货膨胀的巨大压力，给这个地区的经济发展蒙上了一层阴影。

东南亚国家和地区的外汇市场和股票市场剧烈动荡。以 1998 年 3 月底与 1997 年 7 月初的汇率比较，各国股市都缩水 1/3 以上。各国货币对美元的汇率跌幅在 10% ~70%，受打击最大的是泰铢、韩元、印尼盾和马来西亚令吉，分别贬值 39%、36%、72% 和 40%。

危机导致大批企业、金融机构破产和倒闭。例如，泰国和印尼分别关闭了56家和17家金融机构，韩国排名居前的20家企业集团中已有4家破产，日本则有包括山一证券在内的多家全国性金融机构出现大量亏损和破产倒闭，信用等级普遍下降。泰国发生危机1年后，破产停业公司、企业超过万家，失业人数达270万，印尼失业人数达2 000万。

资本大量外逃。据估计，印尼、马来西亚、韩国、泰国和菲律宾私人资本净流入由1996年的938亿美元转为1998年的净流出246亿美元，仅私人资本一项的资金逆转就超过1 000亿美元。

受危机影响，1998年日元剧烈动荡，6月和8月日元兑美元两度跌至146.64日元，为数年来的最低点，造成西方外汇市场的动荡。

东南亚金融危机演变成经济衰退并向世界各地区蔓延。在金融危机冲击下，泰国、印尼、马来西亚、菲律宾4国经济增长速度从危机前几年的8%左右下降到1997年的3.9%，1998年上述4国和中国香港、韩国甚至日本经济都呈负增长。东亚金融危机和经济衰退引发了俄罗斯的金融危机并波及其他国家。巴西资金大量外逃，哥伦比亚货币大幅贬值，进而导致全球金融市场剧烈震荡，西欧美国股市大幅波动，经济增长速度放缓。

1.1.7 2000年互联网泡沫

互联网泡沫(又称科网泡沫或dot-com泡沫)指自1995年至2001年间的投机泡沫。在欧美及亚洲多个国家的股票市场中，与科技及新兴的互联网相关企业股价高速上升的事件，在2000年3月10日纳斯达克指数到达5 132.52的最高点时到达顶峰。这一时期的标志是成立了一群大部分最终投资失败的，通常被称为“.com”的互联网公司。股价的飙升和买家炒作的结合，以及风险投资的广泛利用，创造了一个温床，使得这些企业摒弃了标准的商业模式，突破(传统模式的)底线，转而关注于如何增加市场份额。

1994年，Mosaic浏览器及万维网的出现，令互联网开始引起公众注意。1996年，对大部分美国的上市公司而言，一个公开的网站已成为必需品。初期人们只看见互联网具有免费出版及世界性资讯即时性等特性，但人们逐渐适应了网上的双向通讯，并开启了以互联网为媒介的直接商务(电子商务)及全球性的即时群组通讯。这些概念迷住了不少年轻的人才，他们认为这种以互联网为基础的新商业模式将会兴起，并期望成为首批以新模式赚到钱的人。

这种可以低价在短时间接触世界各地数以百万计人士、向他们销售及通讯的技术，令传统商业信条包括广告业、邮购销售、顾客关系管理等因而改变。互联网成为一种新的最佳媒介，它可以即时把买家与卖家、宣传商与顾客以低成本联系起来。互联网带来了各种在数年前仍然不可能的新商业模式，并引来风险基金的投资。

风险投资家目睹了互联网公司股价的创纪录上涨，故而出手更快，不再像往常一般地谨小慎微，选择让很多竞争者进入，再由市场决定胜出者来降低风险。1998—1999 年的低利率，帮助了启动资金总额的增长。在这些企业家中，大部分缺乏切实可行的计划和管理能力，却由于新颖的“dot com”概念，仍能将创意出售给投资者。

一个规范的“dot com”商业模式依赖于持续的网络效应，以长期净亏损经营来获得市场份额为代价。公司期望能建立足够的品牌意识，以便收获以后的服务的盈利率。在亏损期间，公司依赖于风险资本，尤其是首发股票(所募集的资金)来支付开销。这些股票的新奇性，加上公司难以估价，把许多股票推上了令人瞠目结舌的高度，并令公司的原始控股股东纸面富贵。

从历史上看，网络经济的繁荣可被视为类似于其他技术的繁荣——包括 20 世纪 40 年代的铁路，20 世纪 20 年代的汽车和收音机，20 世纪 50 年代的晶体管，20 世纪 60 年代的分时共享计算机，以及 20 世纪 80 年代早期的家用电脑和生物技术。

在 2000 年 3 月，以技术股为主的 NASDAQ(纳斯达克综合指数)攀升到 5 048，网络经济泡沫达到最高点(见图 1.1.5，数据来源：yahoo. com)。1999 年至 2000 年早期，利率被美联储提高了 6 次，出轨的经济开始失去速度。网络经济泡沫于 3 月 10 日开始破裂，该日 NASDAQ 综合指数到达了 5 048.62(当天曾达到过

5 132.52)，比仅仅一年前的指数翻了一番还多。

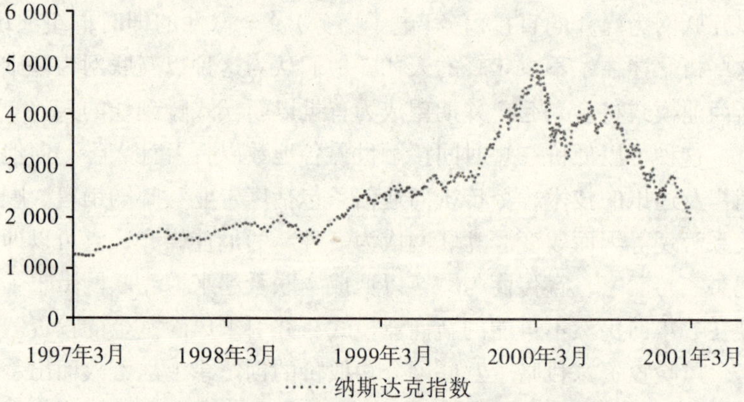

图 1.1.5　网络经济泡沫期间的 NASDAQ(纳斯达克)综合指数

导致 NASDAQ 和所有网络公司崩溃的可能原因之一，是大量对高科技股的领头羊如思科、微软、戴尔等数十亿美元的卖单碰巧同时在 3 月 10 日周末之后的第一个交易日(星期一)早晨出现。卖出的结果导致 NASDAQ 3 月 13 日一开盘就从 5 038 跌到 4 879，整整跌了 4 个百分点——全年“盘前(pre-market)”抛售最大的百分比。

3 月 13 日星期一的大规模的初始批量卖单的处理引发了抛售的连锁反应，投资者、基金和机构纷纷开始清盘。仅仅 6 天时间，NASDAQ 就损失了将近 9 个百分点，从 3 月 10 日的 5 050 掉到了 3 月 15 日的 4 580。

泡沫破裂也有可能与 1999 年圣诞期间互联网零售商的不佳业绩有关。这是“变大优先”的互联网战略对大部分企业是错误的第一个明确和公开的证据。零售商的业绩在 3 月份上市公司进行年报和季报时被公之于众。

到了 2001 年，泡沫全速消退。大多数网络公司在把风险投资资金耗光后停止了交易，许多甚至还没有盈利过。投资者经常戏称这些失败的网络公司为“. 炸弹”(. boombs)或“. 堆肥”(. compost)。

网络经济泡沫的崩溃在2000年3月到2002年10月间抹去了IT业界约5万亿美元的市值。

1.1.8 美国住房市场泡沫和次贷危机

美国住房市场在2000—2011年间经历了戏剧性的繁荣和萧条周期。在2000—2006年期间，美国的平均房价升值率为100%，2004年起升值加速，到2006年到达巅峰，之后进入衰退期。到2011年时，贬值已超过30%(Haughwout et al.，2011)。单2008年一年，美国政府就拨出超过9 000亿美金的专项贷款和用以拯救美国房产泡沫的救援资金，其中超过一半的拨款拨给了房利美(Fannie Mae)和房地美(Freddie Mac)(两公司均为政府资助企业)，以及联邦住房管理局(美国政府机构)。人们普遍认识到房地产泡沫是最近的经济大衰退的主要推手。有充分的证据表明房地产泡沫的兴起和信贷市场的繁荣，导致了2008年金融危机的爆发。

在危机之前的数年，低利率和大量美国国外资金的流入创造了宽松的信贷条件，为房市暴涨加油添火，并鼓励负债融资性消费。美国家庭拥房的比例从1994年的64%(自1980年以来就大约如此)上升到2004年的史上最高水平69.2%。次级抵押贷款对家庭拥房率和整体住房需求量的增加作出了重要贡献。从1997年到2006年间，一般的美国住房价格增加了124%。图1.1.6显示了美国房地产泡沫时期的S&P 500 / Case-Shiller房价指数。在2001年结束往前算的20年间，全国房价中值是2.9到3.1倍的中产家庭收入。这个比例在2004年上升至4.0，而2006年则升至4.6。房地产泡沫导致不少业主对其住屋以较低利率再融资，或由于房价上涨业主能申请到第二个抵押贷款用于其他消费。时至2007年年底，美国家庭债务占年度个人可支配收入的百分比为127%，而在1990年为77%。

在房价不断增加同时，消费者较少储蓄，借贷和开支更多。消费主义文化是在“植根于立即满足需求的经济”中的一种要素。从2005年开始，美国家庭已经将超过99.5%的个人可支配收入投入消费或支用利息。如果把大多数涉及业主自用住房的估计自这些计

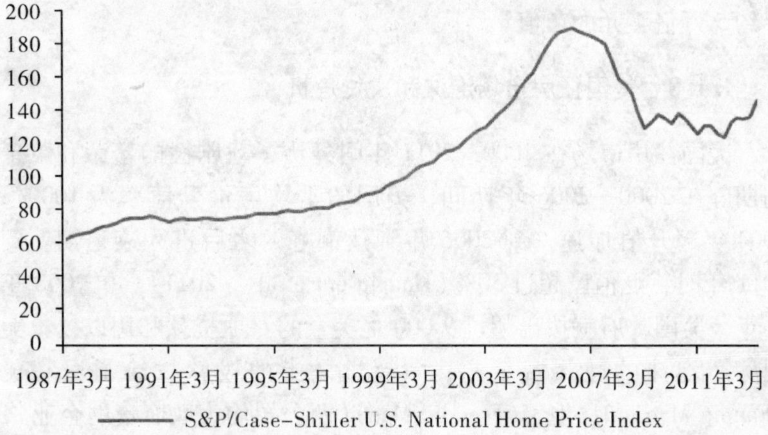

图 1.1.6　美国房地产泡沫时期的 S&P 500 / Case-Shiller 房价指数

数据来源：http://us.spindices.com/index-family/real-estate/sp-case-shiller.

算里除去，自 1999 年开始，每年美国家庭开销超过其个人可支配收入。家庭债务增长从 1974 年的 7 050 亿美元，占 60% 的个人可支配收入，到2000 年年底的74 000 亿美元，并最后于2008 年中期达到 145 000 亿美元，占 134% 的个人可支配收入。在 2008 年期间，一般美国家庭拥有 13 张信用卡，40% 的家庭在信用卡上仍有未付账款，较 1970 年时的 6% 多得多。

信贷和房价的上涨导致了大量建设，以及后来未能售出的房屋。美国房价在 2006 年中期升至顶点并开始下跌。在信贷的宽松，且相信房价将继续升值的前提下，鼓励了许多次级贷款借款人去取得浮动利率抵押贷款。这些抵押贷款以在预先确定的期限低于市场利率引诱借款人，期限过后剩下的则是以市场利率计算。一旦初期的宽限期结束前无法支付较高月付款的借款人大概会试着再融资其抵押贷款。一旦房地产价格在美国许多地区开始下降，再融资变得更加困难。发现自己无法透过再融资以摆脱较高的月付款的借款人开始违约。

随着越来越多的借款人停止支付他们的抵押贷款还款，法拍和待售房屋库存增加。这使得住房价格面临下行压力，从而进一步降低业主的抵押资产的净值。抵押贷款还款的下降也降低了住房抵押贷款证券的价值，这削弱了银行的净资产和财务状况。这种恶性循环是危机的核心。

时至2008年9月，美国住房价格自2006年中期峰值以来平均下降了20%以上。这种房价大幅并出人意料地下降意味着许多借款人的住房净值为零或者为负资产。换句话说，这意味着他们的住房价值低于其抵押贷款。截至2008年3月，估计880万借款人——所有业主的10.8%——的住房已是负资产，据估计该数目至2008年11月为止已上升至1 200万。借款人在这种情况下，有着自他们的抵押贷款“脱离”并放弃住房的诱因，即使这 样做会在接下来的若干年损害其信用评级。

法拍率的增加助长了待售的房屋库存。在2007年新屋销售率为26.4%，低于前一年。时至2008年1月，未售出新屋库存为2007年12月销售量的9.8倍，这是自1981年以来这一比例的最高值。更进一步，近400万户现存房屋待售，其中近290万是无人居住的空房。这种过剩的待售房屋降低了房价。随着价格下跌，更多的业主处于违约或法拍危机边缘。

次贷危机是伴随着大约于2005—2006年的美国房地产泡沫破灭，以及“次级贷款”与可调整利率贷款(adjustable rate mortgage，下简称ARM)的高违约率而开始的。在危机发生前几年的政府政策和竞争压力助长了高风险贷款的实施。此外，对贷款奖励力度的增加，如轻松的头期款以及房价长期上涨的趋势让借款人相信偿还房贷抵押的艰苦只是暂时性，他们能够在未来迅速的找到更有利的融资条件。然而，一旦利率开始回升，房地产价格于2006—2007年在美国许多地区开始适度下降，再融资变得更加困难。违约与法拍活动在轻松的头期过后急剧增加，房屋价格并没有如预期般上升，而ARM利率却再创新高。在2006年年底美国法拍步调加速，引发后续的环球金融危机。在2007年期间，近130万房地产遭到法拍，比起2006年增长79%。

美国房地产贷款系统分为三类：优质贷款市场、次优级贷款市场、次级贷款市场。美国把消费者的信用等级分为优级、次优级和次级。那些能够按时付款的消费者的信用级别被定为优级，那些不能按时付款的消费者的信用级别被定为次级。次级贷款市场就是面向那些收入信誉程度不高的客户，其贷款利率通常比一般抵押贷款高出 2% ~3% 。尽管美国次级贷款市场占美国整体房贷市场比重并不大，占 7% ~8%，但其利润最高，风险最大。

金融产品之所谓的住房抵押贷款证券（MBS），其价值源于抵押付款和住房价格，它使金融机构和世界各地的投资人得以投资美国房地产市场。主流银行和金融机构在先前早已借款并大量地投资于住房抵押贷款证券，而截至 2008 年 7 月 17 日据报道已亏损了约 4 350 亿美元。基于对主要金融机构市场流通性与偿付能力的担忧，迫使中央银行采取行动鼓励借贷给可信赖的借款人，以修补其对商业票据市场的信心。商业票据市场对筹措商业活动资金来说是不可分割的。政府亦对主要金融机构纾困，承担额外大量的财政义务。

学者对这场危机的成因分析既多样且复杂。危机可归咎于普遍蔓延于住房和信贷市场的若干因素，而这些因素是好几年才浮现出来的。提出的成因包括房屋业主无力偿还房屋贷款、借款人及/或贷款人差劲的判断力、投机与在房市繁荣时期过度建屋、危险的抵押贷款产品、个人和公司的高债务水平、分散且隐藏的贷款违约风险的金融产品、货币政策、国际间贸易不均以及政府法规（或缺乏管制）等。尽管如此，道德风险最终还是扮演许多成因的核心部分。

2008 年 11 月 15 日，20 国集团的领导人在“金融市场和世界经济峰会宣言”上列举了下面的原因：

在全球经济增长强劲期间，资本流动越来越多，经济稳定周期也长于先前。市场参与者一味追求更高的收益而对风险没有足够的认识，未能善尽行使调查之责。与此同时，脆弱的偿付标准、不健全的风险管理实践、日益复杂且不透明的金融产品并因此产生的财务杠杆过高现象组合在一起，导致了整个金融系统的脆弱性。一些先进国家的决策者、管理者和监管者，未能跟上金融创新的步伐，对潜伏并滋生在金融市场里的风险进行充分理解，及时处理，对国内监管行为产生的系统性影响也考虑不周。

1.1.9　中国股市泡沫

中国股市经过长达7年左右的熊市(1998年至2005年)，牛市终于在2006年初出现。很快股市就呈现加速增长的态势，18个月内，上海证券交易所(SSE)综合指数上升了3倍多，在2007年10月16日达到6 124点。到2007年年底，上海证券交易所和深圳证券交易共有1 530家公司上市，总市值达327 100亿元。图1.1.7显示了上海证券交易所综合指数(简称上证指数)从2005年至2007年的加速增长。

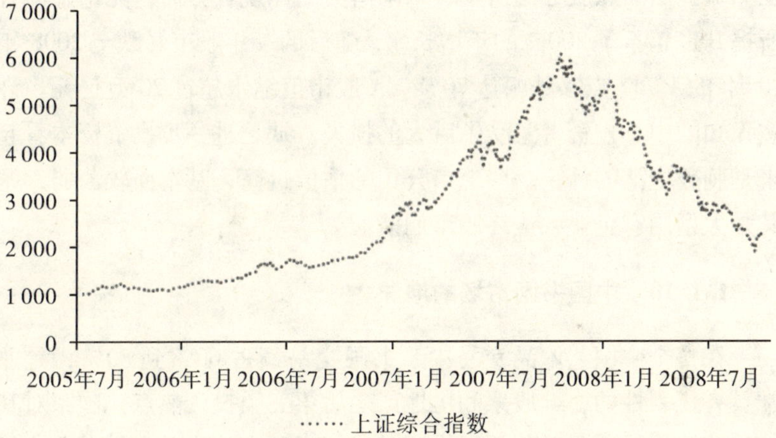

图1.1.7　上海证券交易所综合指数的泡沫和破灭

数据来源：yahoo. com.

这一轮市场增长的特点是上市银行的股价涨势迅猛，特别是2006年上市的中国工商银行(ICBC)。在股票的首日交易中，其股价在香港联合交易所(HKSE)便上涨了5%，在上证所上涨了15%。到2006年12月，中国工商银行在国内的市场价值已经达到了2 500亿美元，占上证综合指数市值的20%以上。加上其他9家上市银行，它们占上证指数市值约一半。这些银行的股价表现及成交量在所有上市公司中也最强。

Yao 和 Luo(2008)提出了部分投资者的三个心理因素:“贪婪”、“羡慕”和“投机”是推动中国股市泡沫从 2006 年至 2007 年迅速发展的主要原因。政府协助 3 家大型国有银行剥离不良贷款 3.1 万亿元人民币,并注入 75 亿美元以上,以改善其资产负债表,来吸引投资者。这推动了中国股市的蓬勃发展。更多,甚至更大的国有企业,如中石油、中国人寿和中国中铁也先后上市。

这段期间,数以百万计的新股民看到周围的人赢利后也涌进股市,甚至是憧憬着一夜暴富,进而引发羊群效应。由此产生的短期内股市迅速膨胀便是股市泡沫的征兆。因为短期里,国内上市公司在业绩、产品和服务的研发、未来潜力的体现各方面,无论怎样有所提升也超不了 200% 的年增长率。随后的一年股市暴跌至 2008 年 10 月 的 1 747 点,跌幅达 70%。A 股市值缩水超过 20 万亿元。许多无知的中小投资者蒙受了巨大的损失。缺乏进一步投资资本看起来是刺破泡沫的针。一些上市公司的估值过高,基本面较薄弱,尤其是大型国有企业,最终股市崩溃。

1.1.10 中国书画市场的泡沫

在整个中国艺术品交易中,书画交易额占 60% 到 80%,是非常具有代表性的,继股票和房地产之后第三类投资热点。国家对其他的监管远远弱于对前两类投资,我们有理由认为对中国书画市场研究能够更真实地反映中国民间投资的现状和问题。

中国书画拍卖始于 1992 年的深圳,经历了 10 年风风雨雨进入高速发展时期,书画拍卖成交额和成交频率以令人目眩的速度不断被刷新。例如,中国嘉德从 2000 年 5 月到 2011 年 5 月的 11 年内成交金额增长了近 10 700%。

旺盛的需求造就了一个由 4 000 多家(2006 年数据)拍卖机构组成的兼具一级和二级市场功能的庞大市场,并吸引着财力雄厚的企业投资者、专业的艺术品收藏家、书画经营商和为数众多的个人投资者涌入。暴利的驱动也给这个市场带来了许多诸如赝品制造、买假卖假、巨额回扣、书画定价远远偏离大众实际消费水平等问题。

图 1. 1. 8 显示 2000 年以来的国画 400 指数走势 。这支指数是根据历年中国市场拍卖情况，选用最具影响力的 400 名中国古代、近现代和当代画家的作品，进行综合统计分析推出的数据。2000 年春季以来，指数从 1000 点攀升到 2011 年秋季的 8 053 点。11 年成长率超过 700%（年增长率大约为 21%），更惊人的是从 2009 年春季到 2011 年春季最后两年收益达到 353%。举一个例子，2012 年 6 月 3 日，北京保利 2012 年春拍“中国近现代书画”夜场在亚洲大酒店举槌。李可染《万山红遍》以 1. 8 亿元起拍，最终以 2. 55 亿元的价格落槌，创造了李可染作品的最高价格纪录。

然而，国画 400 指数终于在 2012 年初开始崩溃，一年内，国画 400 指数跌幅便超过 40% 。

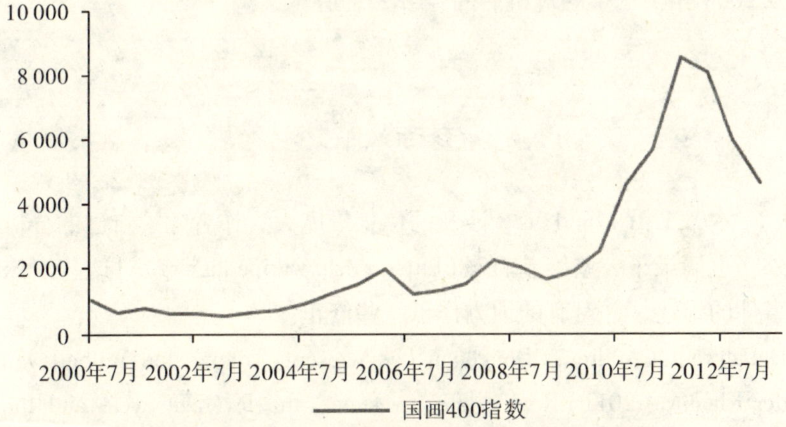

图 1. 1. 8.　中国 国画 400 指数的泡沫和破灭

数据来源：http：//index. artron. net/indexall_ zh. php？ cbid = 1.

小　　结

在这一章里，我们简要回顾了史上发生的一些著名的市场泡沫事件。它们包括荷兰郁金香狂热（1634—1637），英国南海泡沫（1719—1720），美国大萧条（1921—1932），日本股市泡沫（1982—2003），美国的互联网泡沫（1995—2001），美国的房地产泡沫和信贷危机（2000—2009），中国股市泡沫（2005—2008），国画 400 指数的泡沫（2000—2012）等。它们的共同特征是价格疯狂飙高过后暴跌，导致市场上一片混乱。更有甚者，出现经济衰退和大规模失业。

一个有趣的现象是，泡沫并没有随着科技的进步和人们对泡沫越来越多的认识而减少，甚至相反，泡沫趋于越来越多，越来越复杂。这有可能侧面说明泡沫的产生原因之一是根植于人们的心理：贪婪。泡沫的破灭则根植于人们的另一种心理：恐惧。

这些泡沫事件可以给中国现在如火如荼的房地产一些经验和教训。尤其是日本股市和房地产泡沫破灭后经历的失去的 20 年，以及 2008 年美国金融危机后的经济大衰退。

参考文献

本章 1.1.1 至 1.1.8 涉及的信息量庞大，作者除了自己的分析外，也摘录了一些维基百科（http：//zh. wikipedia. org）对这些泡沫事件的描述，并对有的地方作了一些修正。

Haughwout, Andrew, Donghoon Lee, Joseph Tracy, and Wilbert van der Klaauw (2011) Real estate investors, the leverage cycle and the housing market crisis. Working paper, Federal Reserve Bank of New York.

Yao, Shujie and Dan Luo (2008) Chinese stock market bubble: inevitable or incidental? *Briefing Series*-Issue 41, University of Nottingham, United Kingdom.

1.2　资产和市场尾端风险的经济和心理分析

一部金融市场发展史看起来就是一部泡沫事件的发展史。这时候，资产的市场价格远远超过其合理的基本价值。资产价格泡沫会导致严重的经济后果，比如在经济繁盛时期过度投资的浪费和疯狂交易，以及毁灭性的金融危机以及大萧条时的经济低迷。在本章中，我们将讨论一些在金融经济学文献中记载的泡沫理论。

“泡沫”一词是人们对经济经过一段时间的迅速繁荣，然后又急剧下滑，最后像肥皂泡一样破灭这一兴衰过程的描绘。Kindleberger (1978)将泡沫定义为：“泡沫状态就是一种或一系列资产在一个连续过程中陡然涨价，开始的价格上升会使人们产生还要涨价的预期，于是又吸引了新的买主——这些人一般只想通过买卖牟取利润，随着涨价，常常是预期的逆转，接着就是价格暴跌，最后以繁荣的消退告终。”该定义强调了泡沫是一个由资产价格从持续上涨到价格暴跌的过程。

资产泡沫有几个共同特点：(1)它们往往伴随着技术或金融创新；(2)它们往往伴随着疯狂的交易；(3)资产的价格加速增长；(4)它们会在没有任何警示的情况下突然破灭。

1.2.1　Minsky 的金融不稳定假说

Hyman Minsky (1986, 1992) 研究了为什么市场是非理性的，而现代投资组合理论严重依赖于与此恰恰相反的市场有效性假设。Minsky 所提出的理论适用于典型的经济周期中金融市场的脆弱性与投机性泡沫。Minsky 指出在经济景气时期，当公司的现金流增加并超过偿还债务所需，就会产生投机的陶醉感(speculative euphoria)，于是，此后不久，当债务超过了债务人收入所能偿还的金额时，金融危机就随之产生了。作为此类投机性借贷泡沫的结果，银行和贷方会收紧信用，甚至针对那些能够负担借款的公司，随之，经济就紧缩。

Minsky 的信用体系模型，他称之为“金融不稳定假说”

(financial instability hypothesis，简称为 FIH)，引入了许多由 John Stuart Mill，Alfred Marshall，Knut Wicksell 以及 Irving Fisher 所重复过的思想。“我们经济的基本特征，” Minsky 在 1974 年写道，“就是金融体系在稳固和脆弱之间摇摆，这一摇摆过程是产生经济周期所不可或缺的组成部分。”

McCulley (2009) 描述 Minsky 的假说如何解释 2008 年的次贷危机。McCulley 概括了抵押贷款市场里的三种借款类型。第一种是低风险借款人(hedge borrower)，即传统的按揭贷款，他们有能力支付本金和利息；第二种是投机借款人(speculative borrower)，只付贷款的利息，这意味着他们以后必须进行再融资以支付借款本金；第三种是庞氏借款人(ponzi borrower)，他们连利息也支付不起，本金实际上在增加。贷款人提供资金给庞氏借款人只因一个信念，即房屋价值将继续增加。

McCulley 认为对住房的需求是影子银行系统快速发展的原因，它有助于贷出更多的高杠杆、高风险的投机和庞氏类型的贷款。这无疑推动了房地产泡沫。泡沫破灭以来，我们看到的是相反的过程，去杠杆化，贷款标准提高，贷款份额转移到低风险借款人。

Minsky 的观点很好地和行为金融学的发现吻合。简单地说，Minsky 认为市场稳定是未来市场崩溃的原因，也就是说市场稳定具有自我破坏性。当市场参与者享受稳定的市场状态时，他们开始相信在可预见的将来市场仍将稳定，因此低估风险，低估风险后投资者越来越敢于冒风险，最终引发未来的市场崩溃。

1.2.2 噪声交易理论

投资者并非总是理性的，某些泡沫现象正是由市场主体的非理性行为所致。Black(1986) 认为噪声交易是在没有掌握内部信息的情况下，将自己获得的信息作为精确信息来对待，并据此做出非理性的交易行为。噪声交易者对市场价格的判断可能出现系统偏差，做出过激的反应或遵从正反馈交易策略，进而为市场提供了自强化机制，从而导致了泡沫的出现。

DeLong，Shleifer，Summers 和 Waldmann(1990) 建立了噪声交

易理论(noise trade theory)。他们的理论基于两个基本假设，一是部分投资者是有限理性的；二是套利行为存在风险，套利交易的作用存在限制。这意味着套利行为不能完全消除噪声交易的影响。因此，DeLong 等（1990）认为尽管长期内套利交易者可能会促使资产价格回归至基本价值，但在短期内，他们可能助长了泡沫的形成和膨胀。

1.2.3　卖空受限

卖空是股票、期货等市场的一种操作模式。和“买股票”是相反的，理论上是先借货卖出，再买进归还。卖空是指预期未来行情下跌，将手中股票按目前价格卖出，待行情跌后买进，获取差价利润。

Bris，Goetzmann，和 Zhu（2007）调查了在 1990 年 1 月至 2001 年 12 月期间 46 个国家或地区的证券市场的卖空规定和操作，发现在 10 个国家或地区里卖空被禁止，其中包括中国、希腊和其他欠发达国家。13 个国家或地区目前允许卖空，但在以前被禁止，包括阿根廷、芬兰、新西兰、挪威、西班牙、瑞典等。有趣的是，马来西亚、中国香港、泰国删除了对卖空的限制，但后来又对卖空进行限制。在一些国家，税务规则使卖空非常困难，而在一些地区（如香港），只有最大和最具流动性的股票才可以卖空。

在大多数发达国家(如美国、英国和日本)，卖空股票和其他金融证券是允许的。然而，卖空需要卖空投资者在分散的借贷市场借来空头证券。如果借出的股份少，贷款费用可能很高。这样贷款费用会增加资产所有者的资产估值，从而导致市场价格甚至高于乐观者对资产的基本面的估值。

1.2.4　异质信念

异质信念(heterogeneous beliefs)即观点不一致。人们几乎对从体育比赛到经济增长等很多事情持不同意见。在金融市场，投资者对股票的未来表现看法不一而互相买卖。Harris 和 Raviv(1993)基于异质信念而提出了一个有关交易量的模型。该模型能对成交量的动力学进行预测。

异质信念的另一个重要来源是信息传输的偏差。在实践中，投资者在作投资决策时严重依赖财务顾问和分析师。作为投资者的客户，财务顾问面临信誉的考验，而顾及信誉可能会扭曲他们的投资建议(如，Lin 和 McNichols (1998)，Hong 和 Kubik (2003))。聪明的投资者意识到这种失真，可能会对这些有偏差的建议打折。然而，其他投资者可能认识不到这种扭曲。因此，异质信念可能会通过投资者和财务顾问之间的信息传输的偏差来体现。Hong, Scheinkman 和 Xiong (2006) 强调这样的机制。在技术革新的时代，财务顾问可能担心投资者觉得他们不懂新技术而选择偏向新技术。这些有偏见的建议，进一步加大天真的投资者和聪明投资者之间的分歧。

1.2.5 转售权的泡沫理论

Harrison 和 Kreps(1978)根据一种常见的个人行为——投资者异质信念，研究了泡沫和危机。他们认为在一个各方对某种资产基本面看法不一而且不允许做空的市场里，资产所有者愿意支付比他预估的基本价值更高的价格去购买资产，因为他拥有资产的转售权(resale option)，该转售权可以让他在未来以更高价位出售资产给更乐观的投资者。转售权的概念为分析投机行为和资产泡沫提供了一个有力的机制。

Scheinkman 和 Xiong(2003)表明，适量的异质信念通过转售权循环足以产生一个价格泡沫，这一机制可以导致大量交易和资产价格泡沫。这个循环结构意味着泡沫成分可能是很大的，即使信念差异小到只是足以产生一个交易。他们表明，当投资代理人的信念差异变得更加波动(由于更加明显的过度自信或资产的波动性变得更大)时，代理商往往更频繁地交易，转售权就变得更有价值。其结果是，一个更大的资产泡沫伴随着更加密集的交易狂潮。有趣的是，即使不是所有投资者都盲目乐观，他们之间的异质信念波动仍然可以通过转售权循环而导致价格泡沫。

1.2.6　泡沫破灭

Hong 和 Stein(2003)根据投资者观点不同和做空受限的条件下市场低迷后以往隐藏的负面信息会被暴露而提出了一个有趣的观点。由于做空受限，悲观的投资者没有一开始就参与市场，他们的信息也没有反映到价格上。但是，一旦其他的乐观投资者离开市场，原本的悲观投资者很有可能转为支持市场的边际买家。他们的入市的意愿暴露了他们原本隐藏的信息。如果悲观投资者一直不给市场足够的支持，理性的套利者会从这些隐含的信息推断出比原来更负面的结论。这种推断会放大一开始的价格下跌而引起市场崩溃。

Abreu 和 Brunnermeier (2003) 用异质信念来模拟理性的套利者如何协调他们在泡沫中的同步售出策略。在他们的模型中，非理性投资者所造成的泡沫出现在一个随机的时间，然后以一个外因控制的速度增长。该模型允许理性的套利者卖空。套利者各自在不同的时间里获悉泡沫的存在。这些不同的时间使得套利者难以协调他们在泡沫中的同步售出策略。况且泡沫崩溃之前是有利可图的，理性套利者往往选择在泡沫中获取利润，而不是卖空。因此，即使套利消息灵通，泡沫也可能会持续一个相当长的时间。不过，在足够的抛售压力下，泡沫终将破灭。

1.2.7　泡沫引起的过度投资

资产泡沫的严重后果之一是过度投资，如在互联网泡沫时期电信行业的投资热潮，是一个很好的例子。很多研究表明市场的非理性影响企业的投资决策。Gilchrist，Himmelberg 和 Huberman(2005)提供的证据表明，当投资者的观点很不一致时(如由于股票分析师的盈利预测很分散)，公司的投资往往增加。换句话说，当股票被高估时，企业可以通过利用一种廉价的资金来源来过度投资。然而，这种说法留下一个重要的问题，为什么企业管理者从事这些不利于投资者利益的低效的投资行为?

Bolton，Scheinkman 和 Xiong(2005，2006)探讨了这个问题，

他们的理论建立在异质信念、卖空受限，以及转售权的泡沫理论上。在这样的市场环境下，公司目前的股价不仅包含了该公司的长期基本价值，也包含了转售权价值。这意味着现有股东有可能追求短期利益，增加公司的转售权的价值，而忽略其长期的基本价值。因此，即使企业管理者没有任何失责，股东可能会选择一个侧重于股价短期的表现，并激励公司高管追求短期的策略，如过度投资的互联网技术，来最大限度地提高公司的市场股价，而不是提高其长期基本价值。

1.2.8 过度自信

过度自信(overconfidence)是指人们对自己的判断能力过于自信。投资者趋向于认为别人的投资决策都是非理性的，而自己的决定是理性的，但事实并非如此。当投资者过度自信时，市场中的交易量会增大。在无噪音的完全理性预期的市场中，如果不考虑流动性需求，交易量应该是零。

大量证据表明，过度交易严重削弱了不同国家的个人投资者的投资组合的表现。例如，Barber 和 Odean(2000)对美国的散户投资者的大样本交易记录进行了分析，发现交易最活跃的20%的投资者的回报平均每年比市场回报低5%以上。投资者和证券分析师们在他们有一定知识的领域中特别过于自信。然而，提高自信水平与成功投资并无相关。基金经理人、股评家以及投资者总认为自己有能力跑赢大盘，然而事实并非如此。Brad Barber 和 Terrance Odean 在此领域做了大量研究。男性在许多领域(体育技能、领导能力、与别人相处能力)中总是过高估计自己。他们在1991年至1997年中，研究了38 000名投资者的投资行为，将年交易量作为过度自信的指标，发现男性投资者的年交易量比女性投资者的年交易量总体高出20%以上，而投资收益却略低于女性投资者。数据显示：过度自信的投资者在市场中会频繁交易，总体表现为年交易量的放大，但由于过度自信而频繁地进行交易并不能让投资者获得更高的收益。在另一个研究中，他们取样1991年至1996年中的78 000名投资者，发现年交易量越高的投资者的实际投资收益越低。在一系列的研究中，他们还发现过度自信的投资者更喜欢冒风险，同时也容易忽略交易成本。这也是其投资收益低于正常水平的原因。

大量行为金融学文献发现，人们在作出财务决定时遭受一系列心理偏差，如过度自信、有限的注意力(limited attention)、代表性(representativeness)和保守性(conservatism)。Hirshleifer (2001), Barberis 和 Thaler (2003)对此作了广泛的评论。心理学文献表明，人们倾向于相信他们的认知比真实的更准确。与此相一致，Ben David, Graham, 和 Harvey(2010)针对首席财务官们预测标准普尔股票回报的调查显示，他们只有 33 % 的时间是正确的。过度自信会导致投资代理人夸大噪声信号的精度，从而对信号作出过度反应。当投资代理人对不同的信号作出过度反应，他们最终可能对同一股票有很不同的看法。Kyle 和 Wang (1997), Odean (1998), Scheinkman 和 Xiong (2003) 的模型都显示，源于投资者或代理人过度自信的异质信念，可能会导致过度交易和资产价格泡沫。

1.2.9　羊群效应和市场波动

经济学里经常用"羊群效应"(herding) 来描述经济个体的从众跟风心理。金融市场中的"羊群效应"是一种特殊的非理性行为，它是指投资者在信息环境不确定的情况下，行为受到其他投资者的影响，模仿他人决策，或者过度依赖于舆论，而不独立思考的行为。关于羊群行为的形成不同学科有不同解释，心理学家认为是人类的从众心理，社会学家认为是人类的集体无意识，而经济学家则从信息不完全、委托代理等角度来解释羊群行为。

Banerjee (1992) 认为羊群行为是一种"人们去做别人正在做的事的行为，即使他们自己的私有信息表明不应该采取该行为"，即个体放弃独立思考，采取与别人相同的行动。Shiller (2005) 提供大量的证据阐述了非理性繁荣是股票和房地产市场大涨大跌的成因。他列出了把股市和房市炒到顶端的 12 条加速因子。这些因子在新闻媒体的帮助下通过反馈回路被放大，最终导致市场崩溃。他说明了羊群效应和从众心理等心理因素发挥了重要作用。比如，权威在人的心中的影响非常巨大，即使是它和事实截然相反，人们还是会相信权威；人们倾向于追随其他人而不对市场做出自己的判断；大部分的人根据交谈而不是独立研究来购买股票等。

大量的研究已经把羊群效应作为一种可能的原因来解释市场剧烈波动，如 Bannerjee（1992），Topol（1991）以及 Shiller（1989）。这里面的基本思想很简单：由于羊群效应具有一定的趋同性，许多投资者或基金将在同一时间买卖相同股票，买卖压力将超过市场所能提供的流动性。当投资者或基金净卖出股票时，将使这些股票的价格出现大幅下跌；当他们净买入股票时，则使这些股票出现大幅上涨，从而导致股价的不连续性和大幅变动，破坏了市场的稳定运行。所以，市场参与者的相互跟风引起的总需求的巨大波动会导致收益率的厚尾分布。用通俗的话讲，“从众效应”常常和金融资产市场价格的巨大波动有关。

Cont 和 Bouchaud（2000）进一步地提供数学模型证明了金融市场的羊群效应能导致股票市场收益率的厚尾分布的微观机理。

小　结

泡沫理论自 20 世纪 80 年代引入理性预期研究框架以来，逐步从定性分析过渡到定量分析，均衡分析演进到非均衡分析。在此过程中，摆脱理性预期分析框架的行为金融理论也逐步发展起来，丰富了泡沫理论，使人们对泡沫这种违反价格需求关系、套利行为不能完全纠正市场的现象的认识不断提高。

在一个投资者对某种资产基本面看法不一而且不允许做空的市场里，资产所有者愿意支付比他预估的基本价值更高的价格去购买资产，因为这种转售权让他在未来能以更高价位出售资产。这样的投机行为可能会导致资产价格的泡沫。

大量的研究已经把羊群效应作为一种可能的原因来解释市场剧烈波动。贪婪和恐惧，加上其他心理因素根植在人性深处，已经不大可能被改变。所以，它们通常所导致的正反馈作用和羊群效应也会一直存在于市场之中。

迄今为止，泡沫理论仍然有很多局限。关于泡沫的定义和形成机理还未达成共识。市场有效学派仍然怀疑市场泡沫的存在。目前占主流的理性泡沫理论依赖于严格的假设条件，因而难以反映复杂的经济现实，只能解释实际经济的局部现象。在实证方面，对于一个信息披露不完全或时间序列过短的市场，难以做到严格的统计分析；而且目前的实证方法大多是事后研究（after the fact），关于经济或市场泡沫的预测还处于初级阶段。

参考文献

Abreu, Dilip and Markus K. Brunnermeier (2003) Bubbles and crashes. *Econometrica* 71: 173-204.

Bannerjee, A. (1992) A simple model of herd behavior. *Quarterly Journal of Economics* 107: 797-818.

Barber, Brad and Terrance Odean (2000) Trading is hazardous to your wealth: The common stock investment performance of individual investors. *Journal of Finance* 55: 773-806.

Barberis, Nicholas and Richard Thaler (2003) A survey of behavioral finance. In: Constantinides, G., Harris, M., Stulz, R. (Eds.) *Handbook of the Economics of Finance*, North-Holland, Amsterdam.

Ben David, Itzhak, John Graham, and Campbell Harvey (2010) *Managerial Miscalibration*, NBER working paper 16215.

Black, Fischer (1986) Noise. *Journal of Finance*, Vol. 41: 529-543.

Bolton, Patrick, Jose Scheinkman, and Wei Xiong (2005) Pay for short-term performance: Executive compensation in speculative markets. *Journal of Corporation Law* 30: 721-747.

Bolton, Patrick, Jose Scheinkman, and Wei Xiong (2006) Executive compensation and short-termist behavior in speculative markets. *Review of Economic Studies* 73: 577-610.

Bris, Arturo, William Goetzmann, and Ning Zhu (2007) Efficiency and the bear: Short sales and markets around the world. *Journal of Finance* 62: 1029-1079.

Cont, R. and J. P. Bouchaud, (2000) Herd behavior and aggregate fluctuations in financial markets. *Macroeconomic Dynamics* 4: 170.

De Long, Brad, Andrei Shleifer, Lawrence Summers, and Robert Waldman (1990) Noise trader risk in financial market. *Journal of Political Economy* 98: 703-738.

Gilchrist, Simon, Charles Himmelberg, and Gur Huberman (2005) Do stock price bubbles influence corporate investment? *Journal of Monetary Economics* 52: 805-827.

Harris, Milton and Artur Raviv (1993) Differences of opinion make a horse race. *Review of Financial Studies* 6: 473-506.

Harrison, Michael, and David M. Kreps (1978) Speculative investor behavior in a stock-market with heterogeneous expectations. *Quarterly Journal of Economics* 92: 323-336.

Haughwout, Andrew, Donghoon Lee, Joseph Tracy, and Wilbert van der Klaauw (2011) Real estate investors, the leverage cycle and the housing market crisis. Working paper, Federal Reserve Bank of New York.

Hirshleifer, David (2001) Investor psychology and asset pricing. *Journal of Finance* 56: 1533-1597.

Hong, Harrison and Jeffrey Kubik (2003) Analyzing the analysts: Career concerns and biased earnings forecasts. *Journal of Finance* 58: 313-351.

Hong, Harrison, Jose Scheinkman, and Wei Xiong (2006) Asset float and speculative bubbles. *Journal of Finance* 61: 1073-1117.

Hong, Harrison and Jeremy Stein (2003) Differences of opinion, short-sales constraints, and market crashes. *Review of Financial Studies* 16: 487-525.

Minsky, Hyman P. (1986) *Stabilizing an Unstable Economy*. New Haven, CT: Yale University Press.

Minsky, Hyman P (1992) The Financial Instability Hypothesis. The Jerome Levy Economics Institute of Bard College, Working Paper No. 74 (May): www. levy. org/pubs/wp74. pdf.

Kindleberger, Charles (1978) *Manias, Panics, and Crashes: A History of Financial Crises*, John Wiley & Sons, New York.

Kyle, Albert and Albert Wang (1997) Speculation duopoly with agreement to disagree: Can overconfidence survive the market test? *Journal of Finance* 52: 2073-90.

Lin, H. and M. McNichols (1998) Underwriting relationships, analysts' earnings forecasts and investment recommendations. *Journal of Accounting and Economics* 25: 101-127.

Odean, Terrance (1998) Volume, volatility, price, and profit when all traders are above average. *Journal of Finance* 53: 1887-1934.

Scheinkman, Jose A., and Wei Xiong (2003) Overconfidence and speculative bubbles. *Journal of Political Economy* 111: 1183-1219.

Shiller R. J. (1989) *Market Volatility*. Cambridge, MA: MIT Press.

Shiller R. J. (2005) *Irrational Exuberance*. Second Edition, Princeton University Press.

Topol, R. (1991) Bubbles and volatility of stock prices: Effect of mimetic contagion. *Economic Journal* 101: 786-800.

1.3　资产和市场尾端风险的统计分析

2008 年的美国金融危机导致很多从业者和学者重新评估高斯分布是不是合适的收益率分布模型，尤其是左边的尾巴。本章先讨论正态分布为何严重低估尾端风险，然后重点介绍几种很有实用价值的左尾的建模。尾端风险反映了资产和市场的崩溃，认识它对下行风险的管理有重要作用。这些厚尾模型对很多基于收益率的 Monte Carlo 模拟来说具有重要意义，例如，模拟 20 年后投资组合的财富分布，以及在一段时期内的极端损失等。

1.3.1 正态分布严重低估尾端风险

资产收益率的最常见的模型通常假定为高斯分布(Bachelier，1900)。换句话说，收益率遵循随机游走或布朗运动。如果我们假设资产价格在一段时间间隔内的走向是由许多独立的小布朗运动叠加而成，中心极限定理(Central Limit Theorem)能保证收益率遵循高斯分布。然而，观察到的收益率分布比高斯分布的尾端要厚得多。

正态分布模型假设低于其算术平均三个标准差(普遍称为“3σ事件”)的资产回报的概率只有约 0.13%，即 1.3‰。例如，从 1926 年 1 月到 2010 年 3 月的 1 010 个月期间内，标准普尔 500 指数总回报的每月平均回报为 0.93%，每月的标准偏差为 5.54%。负 3σ 的事件对应于低于 -15.69% 的回报。表 1.3.1 所示在这段时间内，标准普尔 500 指数有 10 个月的回报率低于 -15.69%(3σ 事件)。最近在 2008 年 10 月的亏损 -16.79% 排在第 9 位。这意味着 3σ 事件的概率有 1% 左右，而不是 0.13%，或 8 倍于正态分布所预期的。由此看来，正态分布严重低估股市的厚尾。

许多统计模型被用来描述尾端分布。我们这里讨论几个标准和流行的厚尾模型，如 Mandelbrot 的 Lévy stable 分布(Mandelbrot，1963)，Student's t-分布(Blattberg and Gonedes，1974)，混合正态分布(Clark，1973)，和 GARCH 模型(Bollerslev，1986)。还有许多其他的厚尾候选模型，本章不予详述。我们选择有代表性的几个模型，并通过实例说明它们，让读者对这些模型有一些直觉的了解。

同时我们引入一个相对较新的带偏度的厚尾模型：截断列维(truncated Lévy flight，简称 TLF)。我们将说明 TLF 模型有一些有

表 1.3.1　　**标普 500 指数亏损严重的 10 个月份**
（从 1926 年 1 月至 2010 年 3 月）

	S&P 500（%）
1931 年 9 月	-29.73
1938 年 3 月	-24.87
1940 年 5 月	-22.89
1932 年 5 月	-21.96
1987 年 10 月	-21.52
1932 年 4 月	-19.97
1929 年 10 月	-19.73
1933 年 2 月	-17.72
2008 年 10 月	-16.79
1930 年 6 月	-16.25

数据来源：Morningstar Encorr.

趣的特性，如具有厚尾(fat tail)、偏度(skewness)、有限的标准方差(finite variance)、时间缩放（time scaling)。当然，这些定量模型不是唯一的工具，它们需要与其他的分析、判断及估计进行整合，但它们是下行风险管理的一个很好的起点。

1.3.2　尾端风险度量

风险值(Value-at-Risk，简称 VaR)是一个常用且简单的尾端风险度量。它的定义是资产组合在持有期间内在给定的置信区间内由于市场价格变动所导致的最大预期损失的数值。通常给定的概率水平是5%。由此衍生出来的“风险价值”方法是风险管理中应用广泛、研究活跃的风险定量分析方法之一。美国银行业在 1980 年代末到 1990 年代初遭受商业风险的困扰，金融机构的坏账逐年增加，普遍认为是《巴塞尔协议》的信贷评估公式扭曲了贷款决策。在这种背景下，JP 摩根公司所发明的风险价值方法能够定量地分析市场风险而获得重视。VaR 已被监管机构和各类金融业咨询委员会推荐为衡量风险的一种方式。

与 VaR 密切相关的，是条件风险值(conditional value-at-risk，简称 CVaR)，它的定义是超过风险值 VaR 损失的加权平均。CVaR 的其他名称包括平均短缺，尾端风险值和预期尾损。Rockafellar 和 Uryasev(2000)的研究表明，CVaR 值比 VaR 具有更吸引人的特性。具体来说，Pflug (2000) 证明 CVaR 符合 Artzner et al. (1999) 意义上的一个相干风险测量 (coherent measure of risk)。符合相干的属性之一是可加性，也就是说，两个投资的组合的风险最多是两个个别投资的风险相加。VaR 并非总有可加性，两个投资的组合的风险可能大于两个个别投资的风险总和。相比之下，CVaR 具有可加性。因此，CVaR 是尾端风险一个更合适的量度。

1.3.3 Lévy 稳定分布

Lévy 稳定分布是稳定的，也就是说，两个具有同一列维分布尾指数 α 独立随机变量的总和，也是一个具有同一尾指数 α 的列维分布。换句话说，两个独立的尾指数相同的列维稳定分布相加的函数形式仍然是一个列维稳定分布。Lévy 稳定分布的特征函数(Lévy，1925)是：

$$\begin{aligned}\ln\varphi(q) &= i\delta q - \gamma |q|^{\alpha}\left[1 - i\beta\frac{q}{|q|}\tan\left(\frac{\pi}{2}\alpha\right)\right] \quad (\alpha \neq 1)\\ &= i\delta q - \gamma |q| \left[1 - i\beta\frac{q}{|q|}\frac{2}{\pi}\ln|q|\right] \quad (\alpha = 1)\end{aligned}$$

概率密度函数是由对特征函数进行傅立叶逆变换得到的。Lévy 稳定分布的 4 个参数：α 决定了尾厚或分布的峰度，$0<\alpha\leqslant 2$；β 确定分布的偏度；γ 是尺度参数；最后，δ 是一个位置参数。John Nolan 开发了一个可以产生 Lévy 稳定分布的软件包。在他的软件里，函数“stablernd( )”需要 4 个参数，α，β，γ，和 δ，能够生成遵循列维稳定分布的随机数。这 4 个参数可以通过该软件的函数“stablefit( )”来估计。

1963 年，Mandelbrot 曾利用 Lévy 稳定分布来描述棉花的价格。Mandelbrot 观察到，除了厚尾，收益率显示另一个有趣的源自于稳定性的属性："时间缩放"。这意味着收益率的分布在不同的时间间隔内(从 1 天到 1 个月不等)有类似的函数形式。时间缩放属性非常有趣，因为它允许两个独立的具有相同的尾指数 α 的 Lévy 稳定分布的变量的和，仍然是具有相同的尾指数 α 的 Lévy 稳定分布。正态分布是 Lévy 稳定分布的一种特殊情况，两个正态分布的变量的和仍然是一个正态分布。

图 1. 3. 1 显示了 S&P500 指数的时间间隔为 1、2、3 和 5 天的收益率。我们用

$$\tilde{Z} = \frac{Z}{(\Delta t)^{1/\alpha}}$$

来对收益率(Z) 进行时间缩放,最佳拟合得到 $\alpha = 1.5$。在图 1. 3. 1 中,我们可以观察到时间缩放后的分布基本一致。

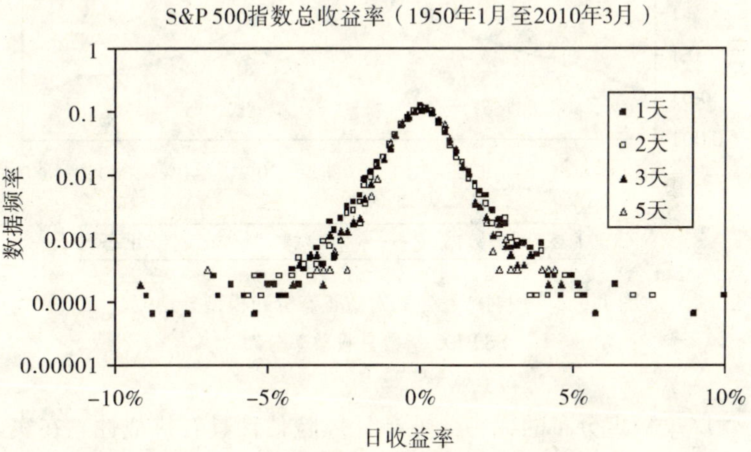

图 1. 3. 1　S&P500 指数的时间缩放

不幸的是，Lévy 稳定分布的方差为无穷大，这是违反经验观察的。例如 Gopikrishnan et al. (1998) 对 1 000 家最大公司的高频收益率数据(从 1 分钟到 1 天不等)进行深入分析后认为收益率具有

有限的标准方差。

图 1.3.2 显示了对数稳定（log-stable）和对数正态分布(lognormal)拟合每月的 S&P500 指数的回报（见 Martin，Rachev，和 Siboulet（2003））。对数稳定分布即对数收益率的稳定分布。图 1.3.2 的垂直轴是以 10 为底的对数尺度，这有助于更清楚地查看分布的尾部。很明显，对数正态分布不适合描述 －15% 以下(上述的 3σ 事件)的收益率分布。对数稳定分布对尾端拟合较好，但对于远远超出了历史记录的亏损或收益，对数稳定分布仍然给予不可忽略的概率，最终导致无限方差。换句话说，对数稳定分布的尾巴也许是太厚了。

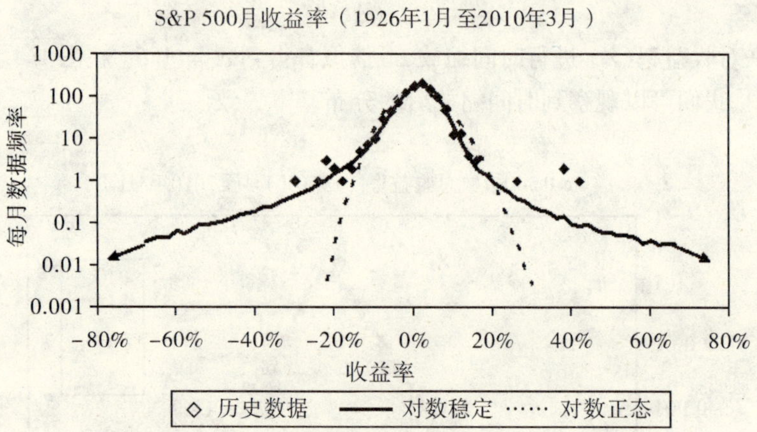

图 1.3.2 用对数稳定和对数正态分布模型分别拟合 S&P500 指数月收益率分布

Lévy 稳定分布的无穷大方差让风险估计具有挑战性。在实践中，我们需要的是一个介于正态分布和 Lévy 稳定分布之间的一个分布。它的尾部应是适当的厚，但有限。下面引进的截断列维(truncated Lévy flight，简称 TLF)就具有这样的特性。

1.3.4 截断列维(TLF)

TLF 模型由 Mantegna and Stanley(1994)在物理文献中首次引

入，并从那时起，它已经引起了广泛关注。Koponen（1995）修改了它以至于 TLF 的特征函数和概率密度分布可以直接由公式计算。后来 Boyarchenko 和 Levendorskii（2000），Carr et al.（2002），Rosinski（2007），Kim et al.（2008，2010），和 Menn，Rachev（2009）对 TLF 进行了拓展。

在本章中，我们采用最早由 Mantegna，Stanley(1994)引入的简单的 TLF 模型。它的概率密度函数(PDF)定义为：

$P(x) = 0, \quad x < -l$

$P(x) = P_{\text{Levy}}(x), \quad -l \leqslant x \leqslant l$

$P(x) = 0, \quad x > l$

这里 $P_{\text{Levy}}(x)$ 是收益率 x 的 Lévy 稳定分布，l 是截断长度。

要模拟 TLF 过程，我们先产生 Lévy 稳定分布，再截断它的两个厚尾。对 S&P500 指数的月度收益率而言，截断长度大约为 7 个西格玛。TLF 分布特别适合金融建模，因为它的 4 个矩都有限，用它描述经验数据非常合适。另外它在小的时间间隔内近似地呈现 Lévy 稳定分布，而在非常长的时间间隔内慢慢地收敛到高斯分布，这两者都与经验观察相一致。

图 1.3.3 显示了用 TLF 模拟从月收益率的近似 Lévy 稳定分布到 5 年收益率的近似高斯分布收敛的一个过程。5 年收益率是指以 5 年时间为间隔的收益率。

TLF 能够从数学上解决稳定分布的无穷标准方差问题。事实上，TLF 的一个优点是它的 4 个矩都是有限的。一个有趣的问题是，截断是否有经济意义？截断意味着收益率有上下限。很容易看到左边的尾巴下界为 -100%，即如果不用杠杆，损失不会超出 -100%。然而，收益率是否存在上限是有争议的，它可能需要更进一步的研究。可以限制无限大正收益的因素包括产业的竞争、商业周期、政府干预如反垄断法及利率上升、逆势策略导致收益率回归均值，等等。从根本上讲，资产价格应该与整体经济增长相关，而经济增长受人口增长、劳动力资源、生产力等的限制。

在缺点方面，像正态分布或列维稳定分布模型一样，TLF 模型假定一个独立的，相同的随机分布(iid)，因此它无法描述市场数

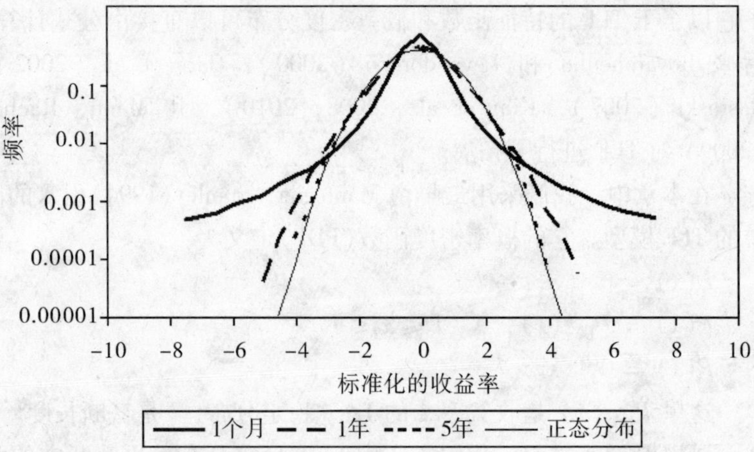

图 1.3.3　TLF 过程的时间缩放特性

据中观察到的随时间变化的波动或波动聚类（volatility clustering）。波动聚类意味着高波动性往往会持续一段时间。一个解决办法是结合 GARCH 模型和 TLF 模型。Kim et al.（2010）在这方面取得了一些进展。

1.3.5　Student's t-分布

Student's t-分布的概率密度函数为：

$$P(x) = \frac{\Gamma\left(\frac{v+1}{2}\right)}{\sqrt{\pi v}\,\Gamma\left(\frac{v}{2}\right)}\left(1 + \frac{x^2}{v}\right)^{-\frac{v+1}{2}}$$

v 是自由度。Student's t-分布在 $v = 1$ 时成为 Cauchy 分布，而当 $v \to \infty$ 时成为 Gaussian 分布。有限方差仅在 $v > 2$ 时才存在。

Blattberg，Gonedes（1974）认为收益率服从 Student's t-分布。Markowitz，Usmen（1996）发现，S&P500 指数的对数日收益率数据可以用自由度约 4.5 的 Student's t-分布来拟合。Hurst，Platen（1997），Platen，Sidorowicz（2007）得出了类似的结论。

Student's t-分布是对称的，因此，它不能模拟偏度。Student's t-分布只需估计一个参数：自由度。Student's t-分布具有厚尾，但它没有时间缩放特性，这表明两个独立的相同自由度的 Student's t-分布的变量的和不再是一个相同自由度的 Student's t-分布。另外它不能描述波动聚类。

为了模拟偏度，Hansen(1994)引进了带偏度的 Student's t-分布，但它需要多估计一个参数。

1.3.6　混合正态分布

混合正态分布(mixture of normal distribution)具有厚尾。该模型认为对数收益率服从这样一个过程：

$$\mathrm{dlog}S(t) = \mu \mathrm{d}t + \sigma g(t)\mathrm{d}W$$

μ 和σ是单个交易的均值和方差。W 是标准布朗运动。当 $g(t)$ 是常数时，此模型变成标准的几何布朗运动。$g(t)$ 是一个从属随机的过程，它刻画了市场的交易活动时间。如果 $g(t)$ 被假定为对数正态分布，该混合过程也被称为正态-对数正态混合。它的概率密度函数由 Clark（1973）给出。

混合正态分布的关键是从属过程的概念。Clark(1973)假设交易量是价格波动的原因，以及交易量就是那个从属过程。假定个别交易是正态分布以及交易量是有限的，他证明混合正态分布具有厚尾。

混合正态分布直观的优势在于它直接与市场微观结构有关，如信息流、交易量和交易次数。在一般情况下，混合正态分布不服从时间缩放。一些混合正态分布可以描述波动集群。

1.3.7　GARCH 模型

广义自回归条件异方差（GARCH）模型，首先由 Bollerslev (1986) 引入，现在广泛应用于金融时间序列分析。特别是，它们被用来预测短期的收益率波动(从 1 天到 1 个月不等)。

GARCH 基于几何布朗运动，GARCH(1，1)里的方差是一个随时间变化的关系：

$$\sigma_t^2 = \alpha_0 + \alpha_1 r_{t-1}^2 + \beta_1 \sigma_{t-1}^2$$

α_0，α_1和β_1是控制 GARCH(1，1)随机过程的参数。r_t 是零均值和方差为 σ_t^2 的随机变量，它的条件概率密度函数$f(x)$通常选择为高斯函数。

GARCH 模型假设波动性随时间和过去的信息而变化。因为随时间变化波动，收益率的无条件分布表现出厚尾。GARCH 模型允许波动聚类或自相关的波动。

最流行的 GARCH 模型是 GARCH(1，1)。GARCH(1，1)的时间缩放性质从理论上讲不明确，但是，数值模拟表明，它无法描述高频率数据的时间缩放(见 Mantegna 和 Stanley，2000)。

1.3.8　主要指数的收益率厚尾分布建模

我们对一些知名的股票指数的每周或每月的收益率的厚尾进行测试。我们的测试资产包括每月标准普尔 500 总收益率指数、每周的 MSCI 新兴市场指数和每周的 MSCI EAFE 指数。使用每周数据的原因之一是 MSCI 指数只有相对较短的历史，而我们需要更多的数据点来测量尾端信息。

我们采用最大似然估计(maximum likelihood estimate)来校准模型参数。TLF，Student's t-，normal-lognormal mixture 和 GARCH (1，1) 的模型参数分别显示在表 1. 3. 2，表 1. 3. 3，表 1. 3. 4 和表 1. 3. 5 中。

表 1. 3. 2　**S&P 500 月收益率、MSIC 新兴市场周收益率和 MSCI EAFE 周收益率的 TLF 模型参数**

对数 TLF	α	β	γ	δ	截断长度
S&P 500 月收益率	1. 42	−0. 12	0. 024	0. 010	6. 8
MSCI 新兴市场周收益率	1. 58	−0. 40	0. 015	0. 0054	8. 0
MSCI EAFE 周收益率	1. 79	−0. 52	0. 014	0. 0033	10. 0

表 1.3.3　**S&P 500 月收益率、MSCI 新兴市场周收益率和 MSCI EAFE 周收益率的 Student's t-模型参数**

对数 Student's t-		
	υ	MLE-υ
S&P 500 指数月收益率	4.1	3.6
MSCI 新兴市场指数周收益率	4.1	4.0
MSCI EAFE 指数周收益率	4.4	4.4
对数偏斜 Student's t-		
	υ	λ
S&P 500 指数月收益率	4.1	-0.13
MSCI 新兴市场指数周收益率	4.1	-0.25
MSCI EAFE 指数周收益率	4.4	-0.09

表 1.3.4　**S&P 500 月收益率，MSCI 新兴市场周收益率和 MSCI EAFE 周收益率的正态-对数正态混合模型参数**

	μ	σ	μ_S	σ_S
S&P 500 指数月收益率	0.0075	0.0382	0.0006	1.193
MSCI 新兴市场指数周收益率	0.0019	0.0206	0.0002	1.241
MSCI EAFE 指数周收益率	0.0013	0.0152	0.0003	1.280

表 1.3.5　**S&P 500 月收益率，MSCI 新兴市场周收益率和 MSCI EAFE 周收益率的 GARCH(1，1) 模型参数**

	α_0	α_1	β_1
S&P 500 指数月收益率	0.00006	0.1291	0.8474
MSCI 新兴市场指数周收益率	0.00002	0.1431	0.8309
MSCI EAFE 指数周收益率	0.00002	0.0897	0.8815

表 1.3.6　**6 个模型对 3 个指数的尾端风险拟合,6 个模型为对数正态、对数 TLF,对数 Student's t-、对数偏斜 Student's t、正态—对数正态混合和 GARCH(1,1)**

S&P 500 月收益率					
	算术平均	标准偏差	偏度	峰度	CVaR
经验数据	0.93%	5.54%	0.35	12.45	-12.20%
对数正态	0.93%	5.54%	0.16	3.05	-9.96%
对数 TLF	0.93%	5.54%	0.59	12.90	-12.20%
对数 Student' t-	0.93%	5.54%	1.35	47.93	-10.91%
对数偏斜 Student's t-	0.93%	5.54%	0.69	50.70	-11.91%
正态—对数正混合	0.93%	5.54%	1.02	18.85	-11.34%
GARCH(1,1)	0.93%	5.54%	0.46	9.50	-10.77%
MSCI 新兴市场周收益率					
经验数据	0.25%	3.04%	-0.52	8.38	-7.45%
对数正态	0.25%	3.04%	0.09	3.02	-5.88%
对数 TLF	0.25%	3.04%	-0.38	12.29	-7.45%

续表

S&P 500 月收益率					
	算术平均	标准偏差	偏度	峰度	CVaR
对数 Student's t-	0. 25%	3. 04%	0. 71	22. 90	-6. 49%
对数偏斜 Student's t-	0. 25%	3. 04%	-0. 81	14. 23	-7. 45%
正态—对数正态混合	0. 25%	3. 04%	0. 62	16. 10	-6. 76%
GARCH(1,1)	0. 25%	3. 04%	0. 58	23. 91	-6. 47%
MSCI EAFE 周收益率					
经验数据	0. 16%	2. 29%	-0. 76	10. 25	-5. 27%
对数正态	0. 16%	2. 29%	0. 07	3. 01	-4. 47%
对数 TLF	0. 16%	2. 29%	-0. 47	9. 25	-5. 27%
对数 Student's t-	0. 16%	2. 29%	0. 46	16. 71	-4. 93%
对数偏斜 Student's t-	0. 16%	2. 29%	-0. 18	13. 03	-5. 27%
正态-对数正态混合	0. 16%	2. 29%	0. 52	16. 71	-5. 17%
GARCH(1,1)	0. 16%	2. 29%	0. 10	4. 20	-4. 73%

表1.3.6显示了6个模型对3个指数的尾端风险拟合。每个模型的统计数据是基于1 000 000模拟的随机收益率。可以看出，对数正态分布模型显著低估了3个指数的尾端风险。Student's t-分布、混合正态分布和GARCH(1, 1)似乎都低估了尾部风险，但它们都比对数正态分布要好。另一方面，TLF模型和偏斜Student's t-模型给所有3个指数都提供了良好的尾端风险拟合。

图1.3.4、图1.3.5和图1.3.6分别显示5个模型对标准普尔500指数的月收益率、MSCI新兴市场周收益率和MSCI EAFE周收益率的拟合。可以看出TLF提供了良好的拟合。由于空间的限制，我们没有绘制学生t分布。

表1.3.7总结了6个模型对3个指数的CVaR的低估。低估的尾端风险是相对于表1.3.6的CVaR而言的。例如，对数正态模型低估了S&P 500的月收益率的CVaR的18% $\left(\frac{12.2-9.96}{12.2}\right)$。

从3个指数的拟合来看，在相对的基础上，对数正态分布模型的CVaR被低估了约18%。混合正态分布、Student's t-分布、

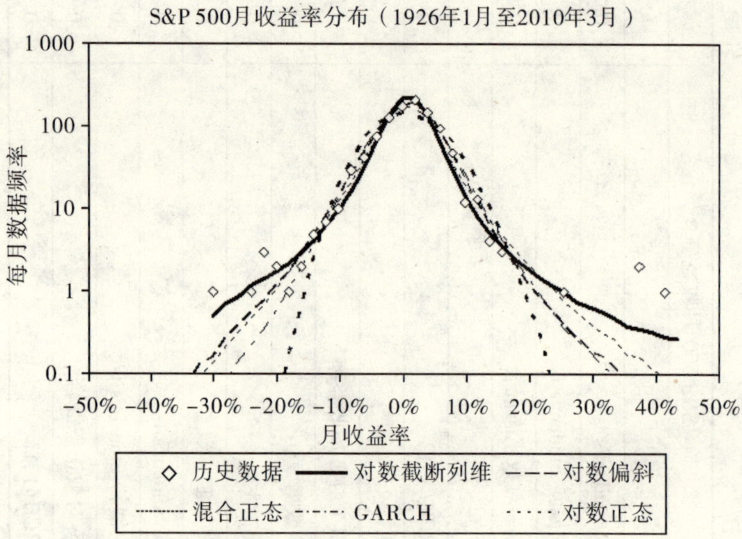

图1.3.4 5个模型分别对标准普尔500指数的月收益率的尾端风险拟合

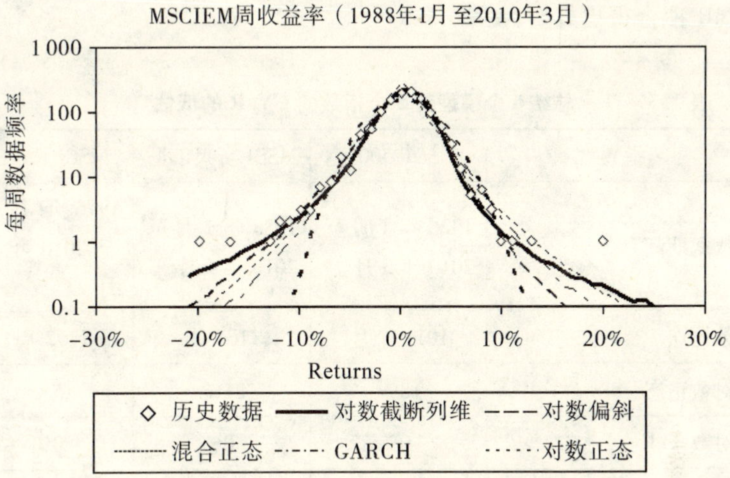

图 1.3.5 5 个模型分别对 MSCI EM 指数的周收益率的尾端风险拟合

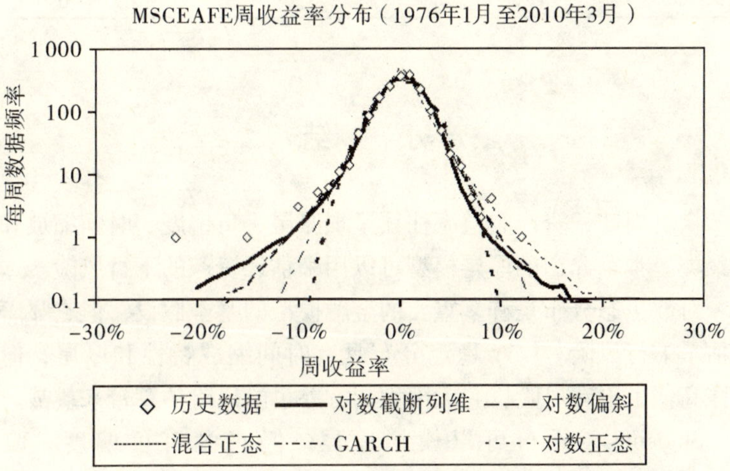

图 1.3.6 5 个模型分别对 MSCI EAFE 的周收益率的尾端风险拟合

GARCH(1，1)比对数正态分布模型要好，但分别低估了 CVaR 约

6%、10%和12%。相比之下，对数 TLF 和偏斜 Student's t-分布的 CVaR 拟合得更好。

表 1.3.7　**总结 6 个模型对 3 个指数的 CVaR 的低估**

指数	S&P 500	MSCI 新兴市场	MSCI EAFE
数据期间	1926 年 1 月至 2010 年 3 月	1988 年 1 月至 2010 年 4 月	1976 年 1 月至 2010 年 4 月
数据点	1011 个月	1164 周	1792 周
对数正态	18%	21%	15%
对数 TLF	0%	0%	0%
对数 Student's t-	11%	13%	6%
对数偏斜 Student's t-	2%	0%	0%
正态-对数正态混合	7%	9%	2%
GARCH(1, 1)	12%	13%	10%

小　结

众所周知，资产收益率往往呈现厚尾、负偏度、时间缩放和波动聚类。本章介绍的厚尾模型可以用来估计资产的下行风险。

对数正态分布是许多重要的金融模型的基本假设，但它显著地低估了下行风险。Lévy 稳定分布具有时间缩放特性和厚尾，但它往往高估了下行风险，它无限大的方差也给风险估算带来挑战。

Student's t-分布可以模拟厚尾，但它没有负偏度。偏斜 Student's t-分布可以模拟厚尾和负偏度。然而，它们俩不具有时间缩放特性，也不能模拟波动聚类。

混合正态分布与市场微观结构直接相关，如信息流和交易量。它有厚尾，但不能模拟负偏度。在一般情况下，它不具备时间缩放特性。

截断列维(TLF)模型可以描述不同时间间隔的缩放属性。更具体地说，对于小的时间间隔(例如 1 分钟)，这种分布近似于 Lévy 稳定分布，而对于大的时间间隔(如 1 年)，TLF 分布慢慢收敛成高斯分布。它的 4 个矩都有限，且可以模拟厚尾和负偏态。尤其是 TLF 分布对尾端损失的估计和经验数据吻合最好。

TLF 模型无法描述波动集群。相比之下，GARCH 模型可以描述波动聚集性，但它的尾端不够厚。最近的研究表明，GARCH 模型和 TLF 模型的结合可能会更有效。

参考文献

本章主要参考本书作者的著作：Estimate of Downside Risk with Fat-Tailed and Skewed Models，in *Encyclopedia of Financial Models*，2012，Edited by Frank J. Fabozzi，John Wiley & Sons，Inc.

Akgiray，V.，and Booth G. G.（1988）. The Stable-Law Model of Stock Returns. *Journal of Business & Economic Statistics* 6：51-57.

Anderson T.（1996）Return Volatility and Trading Volume：An Information Flow

Interpretation of Stochastic Volatility. *Journal of Finance* 51：169-204.

Artzner，P.，Delbaen F.，Eber，J. M. and Heath D.（1999）Coherent Measures of Risk. *Mathematical Finance* 9，3：203-228.

Bachelier，Louis（1900）Théorie de la Spéculation. Doctoral dissertation. Annales Scientifiques de l'École Normale Supéieure（ii）17，21-86. Translation：Cootner 1964. Cootner，Paul H.，ed. 1964. *The Random Character of Stock Market Prices*. Cambridge，MA：MIT Press.

Blattberg，R. C.，and Gonedes N. J.（1974）A comparison of the stable and student distributions as statistical models for stock prices. *Journal of Business* 47：244-280.

Bollerslev, T. (1986) Generalized autoregressive conditional heteroskedasticity.

Journal of Econometrics 31, 3: 307-327.

Boyarchenko, S. I. and Levendorskii, S. Z. (2000) Option pricing for truncated Lévy processes. *International Journal of Theoretical and Applied Finance* 3.

Carr, P., Geman, H., Madan, D., and Yor, M. (2002) The Fine Structure of Asset Returns: An Empirical Investigation. *The Journal of Business* 75 (2): 305-332.

Clark, P. K. (1973) A subordinated stochastic process model with finite variance for speculative prices. *Econometrica* 41: 135-155.

Fama, E. F. (1965) The Behavior of Stock-Market Prices. *The Journal of Business*, Vol. 38, No. 1: 34-105.

Gopikrishnan, P., Meyer M., Amaral L. A. N., and Stanley H. E.. (1998) Inverse cubic law for the distribution of stock price variations. *The European Physical Journal* B, 3, 2: 139-140.

Hansen, B. E. (1994) Autoregressive Conditional Density Estimation. *International Economic Review* 35: 705-730.

Hurst, S. R. & Platen, E. (1997) The Marginal Distributions of Returns and Volatility. Lecture Notes-Monograph Series. Vol. 31, L_1-Statistical Procedures and Related Topics, pp. 301-314. Published by: Institute of Mathematical Statistics.

Kim, Y., Rachev, S., Bianchi, M., and Fabozzi, F. (2008) A new tempered stable distribution and its application to finance. In B. G., R. S. T., and W. R. (Eds.), *Risk Assessment: Decisions in Banking and Finance*, Physika Verlag, Springer. 51-84.

Kim, Y., Rachev, S., Bianchi, M., and Fabozzi, F. (2010) Tempered stable and tempered infinitely divisible GARCH models. *Journal of Banking and Finance*.

Koponen, I. (1995) Analytic approach to the problem of convergence of truncated

Lévy flights towards the Gaussian stochastic process. *Physical Review* E: 52 .

Lévy, P. (1925) Calcul des probabilités (Gauthier-Villars, Paris).

Madan, D. B. and Seneta E. (1990) The variance gamma (v. g.) model for share market returns. *Journal of Business* 63: 511-524.

Mandelbrot, B. (1963) The variation of certain speculative prices. Journal of Business 36: 392-417.

Mantegna, R. N. and Stanley H. E. (1994) Stochastic Process with Ultraslow Convergence to a Gaussian: The Truncated Lévy Flight. *Physical Review Letters* 73: 2946-2949.

Mantegna, R. N. & Stanley H. E., (2000) *An Introduction to Econophysics*: Correlations and Complexity in Finance. Cambridge University Press, Cambridge.

Markowitz, H. M and Usmen, N. (1996) The Likelihood of Various Stock Market Return Distributions, Part 2: Empirical Results. *Journal of Risk and Uncertainty* 13, 3: 221-247.

Martin, R. D., Rachev S., and Siboulet F. (2003) Phi-Alpha Optimal Portfolios & Extreme Risk Management. *Wilmott Magazine of Finance*, November: 70-83.

Menn, C. and Rachev, S. (2009) Smoothly Truncated Stable Distributions, GARCH-Models, and Option Pricing. *Mathematical Methods of Operations Research* 63 (3): 411-438.

Nolan, J. (2009) *Software Stable* 5. 1 *for Matlab.*

Platen, E. and Sidorowicz, R. (2007) Empirical evidence on student-t log-returns of diversified world stock indices. Research Paper 194. University of Technology Sydney. School of Finance and Economics. Quantitative Finance Research Centre.

Pflug, G. Ch. (2000) Some Remarks on the Value-at-Risk and the Conditional Value-at-Risk. In. *Probabilistic Constrained Optimization: Methodology and Applications*. Ed. S. Uryasev, Kluwer Academic Publishers, 2000.

Rockafellar, R. T. and Uryasev S. (2000) Optimization of Conditional Value-At-Risk. *The Journal of Risk* 2, 3: 21-41.

Rosinski, J. (2007) Tempering stable processes. *Stochastic Processes and Their Applications* 117 (6): 677-707.

Xiong, J. X. (2010) Using Truncated Lévy Flight to Estimate Downside Risk. *Journal of Risk Management in Financial Institutions* 3, 3: 231-242.

1.4 资产和市场尾端风险的物理学分析

物理经济学（Econophysics）是一门运用物理学（尤其是统计物理学）的思想、概念、模型、计算方法来定量研究经济和金融问题的新型学科。它通常包括对不确定现象或随机过程、非线性动力学和复杂系统的研究。有兴趣的读者可以参考剑桥大学出版社出版、R. N. Mantegna 和 H. E. Stanley 2000 年所著的 An Introduction to Econophysics: Correlations and Complexity in Finance。

早在 1900 年，法国数学家 Louis Bachelier 提出了第一个关于收益率的随机过程的模型，它是由独立的、全同的、遵从 Gaussian 分布的随机变量描述的无关联随机行走模型（也称为布朗运动或醉汉行走）。在 1.3 章里我们提到，Mandelbrot（1963）分析了棉花的价格走势，发现它并不遵循 Gaussian 分布，他指出棉花价格分布的厚尾与不同时间标度下的特性与 Lévy 稳定分布相符之后，人们用统计物理学的概念和方法研究经济问题的工作才开始逐渐增加。

一个引人瞩目的发现是，在金融时间序列中幂指数率（power law）的普遍存在。在物理学自身的领域当中，多体系统的具有与微观细节无关的集体行为导致了具有普适性的幂律。一个著名的例子就是相变和临界现象：在系统从无序向有序转变的相变点附近，很多物理量的行为都具有普适的幂律形式。另一个例子是湍流，其速度场的统计规律具有幂律形式，在很大程度上与流体本身的特性和外界的驱动无关。上述这些物理现象的理解都与幂律的一个重要特性有关，即标度不变性：物理系统的特征长度趋于无穷，在任何尺度范围，物理规律基本保持不变。

地震的一些规律也具有幂律形式，它们已经被物理经济学者们用来研究市场崩溃。下文的1.4.1节将讨论地震规律的应用。本书第二部分第四章要讲的用来预测股票崩溃的对数周期性幂律(log-periodic power law)也来自地震学。

遗憾的是，用物理学的方法研究经济学领域的问题，目前并不为主流经济学家接受。有一些经济学家对此抱有明显的怀疑态度。这可能体现了物理学家和经济学家之间认识论、方法论上的差别。看来，经济学家和物理学家们还需要更多的学术交流。

1.4.1　地震规律的应用

金融市场的股票价格受信息流的推动，如美联储公布利率、季度盈利报告、股息公告、兼并和收购以及机构报告。信息可能是“预期的”或“惊讶的”。经济学家一直对知情投资者和不知情交易者的相互作用感兴趣。早期很多论文研究了交易量和价格之间的关系，以及信息流对它们的影响。

Lillo 和 Mantegna (2003)通过调查市场收益率的波动率研究了市场刚刚发生崩溃后的弛豫动力学。他们发现市场崩溃后，波动率超过选定阈值的数目符合幂律的演化，它与地震学里的 Omori 定律一致。他们的这些经验观察，不能用随机波动模型(stochastic volatility model)来解释。图1.4.1显示了标准普尔500指数在黑色星期一后的100个交易日内的时间段里的1分钟收益率的演化(1987年10月20日至1988年3月11日)。我们可以看到波动率幅度逐渐衰减的迹象，类似于地震波的衰减。

Petersen 等(2010a)研究了美国市场在美国联邦公开市场委员会会议之前和之后公布的美国联邦储备利率变动导致的市场冲击后，发现利率公布后的市场波动率也符合地震学里的 Omori 定律。

Petersen 等(2010b)进一步分析了市场价格波动的动力学，

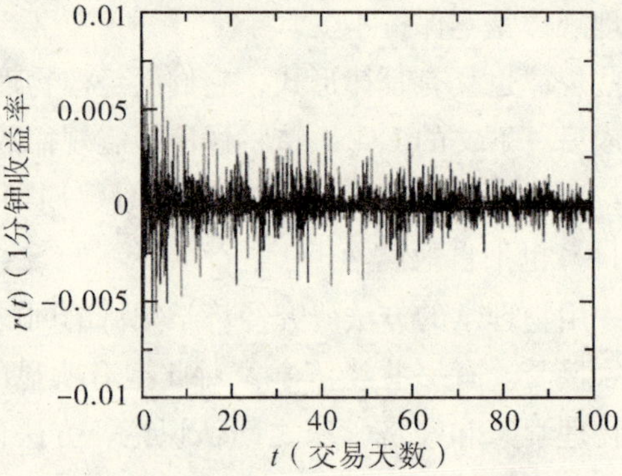

图 1.4.1　标准普尔 500 指数在黑色星期一后的 100 个交易日内的时间段里的 1 分钟收益率的演化

Lillo and Mantegna (2003).

他们的研究结果可以应用于期权定价和其他衍生产品的定价。Black-Scholes 公式假定在持有期权的期间内价格的波动是不变的。然而，价格波动是非平稳性的。短时间内市场震荡(例如，盈利报告发布后)的规律有助于投资者对波动率的建模。他们发现 Omori 定律能帮助预测市场余震什么时候会发生。同样，余震量定律(productivity law)能提供一定时间内可能的余震的数量。最后，Bath 定律能根据市场主震的大小，预测最大市场余震的大小。

1.4.2　破产股票的统计物理分析

单个股票破产的可能性对投资者来讲是一个极有兴趣的话题，因为了解它将有助于减少未来的投资风险。经济学家们对这个话题也进行了广泛的研究。在这里，我们简单介绍 Li et al. (2012) 对这个课题的研究。不同于经济学的方法，他们用统计物理学的概念和方法分析了破产前的股票的行为。

他们研究了美国股市 20 年(1989 年至 2008 年期间)所有 20 092 只上市股票，其中 4 223(21%)只在此期间破产。他们发现那些面临破产的股票的每日回报的分布与那些不面临破产的股票的每日回报的分布显著不同。此外，在整个研究期间，这些差异是一致的。他们进一步研究了距离破产前不同时间长度内的收益率分布，观察到距离破产时间越短，收益率分布与那些不面临破产的股票的分布的差别越大。这种行为表明，当股票接近破产时股价发生了很大的波动。

他们还分析了收益率和交易量之间的交叉相关，发现接近破产的股票的交叉相关比那些不面临破产的股票的交叉相关往往更高。他们的结论是公司破产前，其股票表现出统计学上可以量化的不寻常的行为。

他们的分析表明股票破产前的行为不依赖公司的内部财务信息，因此从不同的角度给出了一些有用的信息。

小　结

金融市场的股票价格受信息流的推动，如美联储公布利率、季度盈利报告、股息公告、兼并和收购以及机构报告。这些信息对股票市场的冲击类似于地震学上的一些规律：Omori 定律能帮助预测市场余震什么时候会发生；余震量定律(productivity law)能提供一定时间内可能的市场余震的数量。最后，Bath 定律能根据市场主震的大小，预测最大市场余震的大小。1987 年的黑色星期一市场崩溃后的波动率就可以用 Omori 定律来描述。这些研究结果也可以应用于期权定价和其他衍生产品的定价。

公司破产前，其股票的收益率表现出统计学上可以量化的不寻常的行为。收益率和交易量之间的交叉相关也表现出异常。

参考文献

Li, Qian, Fengzhong Wang, Jianrong Wei, Yuan Liang, Jiping

Huang and H. Eugene Stanley (2012) Statistical analysis of bankrupting and non-bankrupting stocks. *EPL*, 98: 28005.

Lillo, F. and R. N. Mantegna (2003) Power law relaxation in a complex system: Omori law after a financial market crash. *Phys. Rev.* E 68, 016119.

Petersen, A. M., F. Wang, S. Havlin, and H. E. Stanley (2010a) Quantitative Law Describing Market Dynamics Before and After Interest-Rate Change. *Phys. Rev.* E 81, 066121.

Petersen, A. M., F. Wang, S. Havlin, and H. E. Stanley (2010b) Market dynamics immediately before and after financial shocks: Quantifying the Omori, productivity, and Bath laws. *Physical Review* E 82, 036114.

1.5 极值理论

大部分的统计分布函数分析整个数据集的概率分布，即其均值、方差和高阶矩等。相比之下，极值理论(extreme value theory，简称 EVT)只侧重于分析数据集分布的尾部。

Fisher and Tippet(1928)定理类似于中心极限定理，它使用尾指数统一了可能的极值分布的特征密度函数。直观上，这些函数代表了尾部衰减的三种可能性。这三种可能性可以对应三个分布，即 Gumbel，Frechet 和 Weibull 分布：

(1)Gumbel 分布：尾部呈指数衰减，所有的矩都有限，如正态分布，对数正态分布的尾部等。

(2)Frechet 分布：尾部呈幂律衰减(power law)，如稳定分布和 Student's t-分布的尾部。

(3)Weibull 分布：尾部呈有限指数衰减，这是一个上端点有限的薄尾分布。

我们从上一章知道股市回报率具有厚尾，可以排除 Gumbel 和 Weibull 分布。因此，只有 Frechet 分布适合股市回报率的尾部。

EVT需要大量的数据，因为最有用的信息包含在危机事件里，而这些危机事件往往是罕见的。风险管理人员用EVT估计尾部风险。它可以用于计算极端事件的概率及其下次极端事件的发生时间。

极值理论现在被广泛地用于保险业。保险公司需要对洪水、风暴和飓风等极端事件的发生几率进行评估，因而成为最早的使用者之一。若高估了风险，保险费高得不切实际，可能吓走顾客；如果低估了风险，一旦事件发生，保险公司又会蒙受很大损失。

多年来，保险业都是用经验法则进行评估，“20—80”定律就是一例。该定律认为，20% 的事件耗费理赔成本总额的80%以上。Paul Embrechts 是苏黎世瑞士联邦理工学院(ETH)的金融数学家。在用极值理论分析历史数据时，他和同事通过研究表明，虽然这一理论对许多保险业来说相当有效，但用于其他一些保险业却不行。例如，根据极值理论，飓风遵循“0.1—95”的法则，即1 000种飓风中只有一种是真正的威胁，这种飓风来一次，就可以吞噬掉理赔总额的95%。了解这一点后，保险公司就可以制定更适当的保费水平，这对自己和客户都有利。

近来极值理论也在金融文献中出现。McNeil（1997）用极值理论估计金融时间序列的尾端风险。Embrechts et al.（1998）概述了极值理论作为一种风险管理工具。McNeil 和 Frey（2000）研究了异方差金融时间序列的尾端风险。

LeBaron 和 Samanta（2004）应用EVT来确定新兴市场是否比发达地区有更厚的尾端风险。他们发现，新兴市场的市场崩溃的次数比发达市场更频繁。对同一区域内新兴市场而言，如拉丁美洲或亚洲，崩溃的特点非常相似，表明市场崩溃的地理性质。

图1.5.1应用广义 Pareto 分布来分析 S&P 500 指数 从1926年1月至2010年12月的尾部分布。图中显示的拟合与历史数据吻合的很好。用这种分布估计的 CVaR 为12.4%，VaR 为7.8%。与第1.3章用 TLF 分布估计的大致相符合。

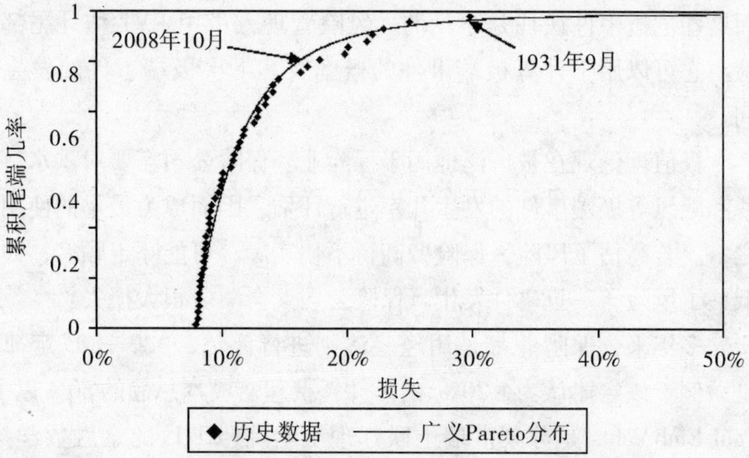

图 1.5.1 应用广义 Pareto 分布来分析 S&P 500 指数的尾部分布

小 结

极值理论侧重于分析数据集分布的尾部。Fisher and Tippet (1928)定理类似于中心极限定理，它使用尾指数统一了可能的极值分布的特征密度函数。这些函数代表了尾部衰减的三种可能性。这三种可能性可以对应三个分布，即 Gumbel，Frechet 和 Weibull 分布。股市回报率具有厚尾，可以排除 Gumbel 和 Weibull 分布。因此，只有 Frechet 分布适合股市回报率的尾部。

极值理论被广泛地用于保险业。保险公司需要对洪水、风暴和飓风等极端事件的发生几率进行评估。近来极值理论也在金融文献中出现。

参考文献

Embrechts，P.，S. I. Resnick，and G. Samorodnitsky（1998）Extreme value theory as a risk management tool, manuscript, Department of Mathematics, ETH, Swiss Federal Technical University.

Fisher, R. A., and L. H. C. Tippett (1928) Limiting forms of the frequency distribution of the largest or smallest member of a sample. Proceedings of the Cambridge Philosophical Society, 24: 180-190.

LeBaron, B. and R. Samanta (2005) Extreme Value Theory and Fat Tails in Equity Markets. *Computing in Economics and Finance* No 140, 2005, from Society for Computational Economics.

McNeil, A. J. (1997) Estimating the tails of loss severity distributions using extreme value theory *ASTIN Bulletin*, 27: 117-137.

McNeil A. J. and R. Frey (2000) Estimation of tail-related risk measures for heteroscedastic financial time series: An extreme value approach *Journal of Empirical Finance*, 7: 271-300.

1.6 不对称的相关性与市场偏度

大量的研究已经表明，资产收益率之间的相关性在价格下跌时比价格上涨时要高，它被称为不对称相关性（asymmetric correlation）。我们在这一章里研究不对称的相关性与市场负偏度的关系。市场的负偏度意味着左尾风险的可能性较高。

Longin 和 Solnik（2001）的研究表明国际市场（英国、法国、德国和日本）与美国市场的相关性在美国市场下跌时高。Ang 和 Chen（2002）发现了多种股票投资组合（按大小、净值市价比、过去的回报和行业排序）与美国整体市场之间的不对称相关的有力证据。这种不对称性的相关性对多元化组合分配具有重要的意义，因为当资产价值在下行市场同时下降时，多元化组合分散风险的功能也下降。Ang 和 Bekaert（2000）模拟了动态投资组合问题，他们将相关性和波动的增加视为一个状态转换过程。Hong，Tu 和 Zhou（2007）认为考虑到不对称性的相关性，可以为投资决策增加可观的经济价值。

Chordia，Goyal 和 Tong（2011）研究了所有在纽约证券交易所（NYSE）上市的普通股的不对称相关性。从 1963 年 1 月至 2008 年 12 月，他们使用日收益率计算每月成对的收益率的相关性。市值、β、净值市价比、换手率、波动性和过去回报对成对相关有显著的影响。此外，在 S&P500 指数里的企业，同行业的公司和股票价格接近的公司，表现出较高的相关性。在时间序列中，他们发现了在个股层面很高的不对称关联效应：负回报股票的相关性有统计学上显著的影响。股票的负收益率的相关性平均增加了 27%，而正收益率的相关性没有显著变化。

我们现在来讨论不对称关联效应和负偏度的关系。许多研究都认为非对称的波动性是解释负偏度的原因。Black（1976）and Christie（1982）假定杠杆效应的存在，即价格下降导致股票的杠杆效应增加，这反过来又导致大幅波动（也见 Veronesi，1999）。Pindyck（1984），French et al.（1987），Campbell 和 Hentschel（1992），Bekaert 和 Wu（2000），Wu（2001），以及 Veronesi（2004）进一步提出了波动反馈效应，即高波动性应与高风险溢价成正比，因此当前的价格必须下降，使得预期的收益增加。Blanchard 和 Watson（1982）显示，股票价格泡沫的破灭可能导致负偏度。Hong 和 Stein（2003）推测，市场卖空受限制将阻止坏消息的传播能力。根据他们的模型，更多更坏的消息在市场同时到达时，坏消息的累积效应对价格的波动性冲击可能会很大。

在这一章里，我们研究不对称相关性与市场负偏度的联系。我们也可以用不对称相关性来解释为什么整个市场的偏度是负的但个股的偏度平均起来却是正的。

1.6.1 测量不对称相关性

我们的数据包括所有从 1960 年 1 月至 2011 年 12 月在纽约证券交易所（NYSE）和美国证券交易所（AMEX）的股票。我们从 CRSP 股票数据库收集每日收益率、每天的交易量、每天流通在外股数（不调整自由浮动），以及每月净值市价比（book to market ratio）。股票价格必须超过 2 美元。我们排除像美国存托凭证（ADR）之类的外国股票的衍生证券。

我们使用 Longin 和 Solnik（2001）引进的超标相关(exceedance correlation)作为一种方法来衡量不对称相关性。具体做法是，我们将两个股票投资组合(一个大股票组合和一个小股票组合)的收益率各自排序后分成9份（$\theta = 0.1, \cdots, 0.9$）。其中 $\theta = 0.1$ 对应收益率最负的那1/10份；$\theta = 0.9$ 对应收益率最正的那1/10份。对每个 θ，超标相关性定义为：

$$\rho(\theta) = \text{corr}(x, y \mid x > \theta, y > \theta), \theta > 0.5$$

$$\rho(\theta) = \text{corr}(x, y \mid x < \theta, y < \theta), \theta < 0.5$$

注意对于 $\theta = 0.5$，我们有两个值，分别对应收益率小于中间值和收益率大于中间值的两种情况。图 1.6.1 显示了从 1926 年至 2012 年小股票组合和大股票组合的超标相关。可以清楚的看出，负收益率的相关度比正收益率的相关度平均起来要高出差不多 10%，即明显的不对称相关性。

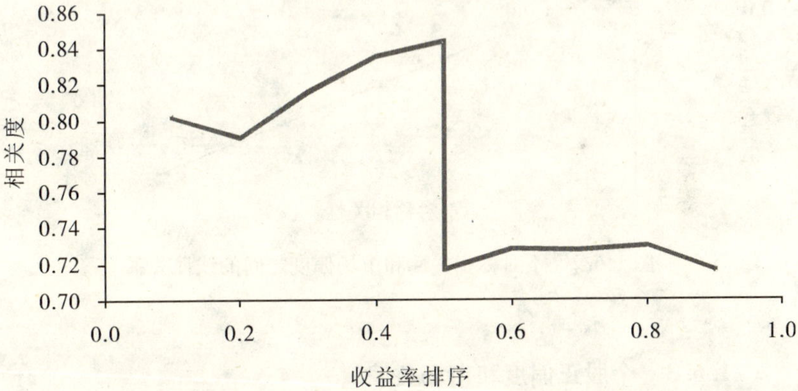

图 1.6.1　从 1926 年至 2012 年美国小股票组合和大股票组合之间的超标相关

1.6.2　不对称相关和市场负偏度的关系

现在我们通过对一个时间序列的回归分析来研究不对称相关和负偏度的联系。从 1960 年 1 月开始至 2011 年 12 月，我们计算市场(由权重相同的个股组成，equal-weighted)的偏度和股票平均不对称相关性。每个公司在1年中至少要有120个日收益率。我们使用1年的日收益率来计算偏度和不对称相关性。我们将1年的市场收益率分成正收益率和负收益率两种情况，然后分别计算这两种情况下所有成对的股票的平均相关性。不对称相关性就是这两种情况下所有成对的股票的平均相关性的差。我们可以得到51年的市场(个股权重相同)的偏度和股票平均不对称相关性，其结果显示在图1.6.2。很明显，有非对称的相关性和市场偏度之间存在一个清楚的线性关系。R^2是71%左右，表明不对称相关的变化解释了71%的市场偏度的变化。因此，不对称相关与市场负偏度紧密相连。

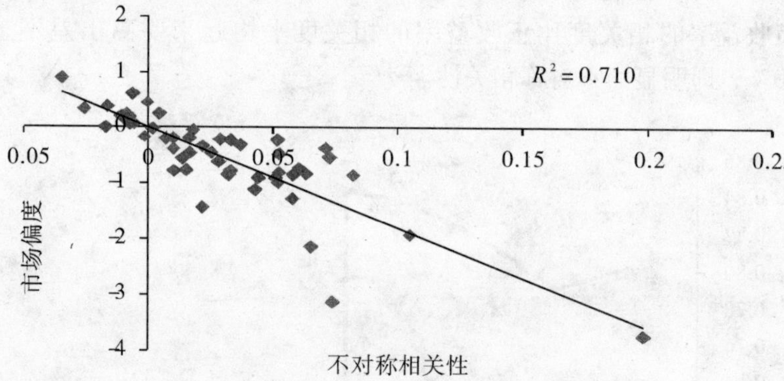

图1.6.2　不对称相关性和市场偏度之间的线性关系

1.6.3　个股正偏度和市场负偏度

图1.6.3画出了个股收益率的偏度的平均以及市场收益率的偏度的时间序列。这里的市场是由权重相同的个股组成。我们可以看到两个有趣的现象。首先，个股的偏度除了在1987年下半年和2001年外基本上是正的。其次，市场收益率的偏度几乎总是负的。其主要原因就是上面讨论的不对称相关与市场负偏度紧密相关。

我们可以做一个简单的实验来验证不对称相关能解释个股收益

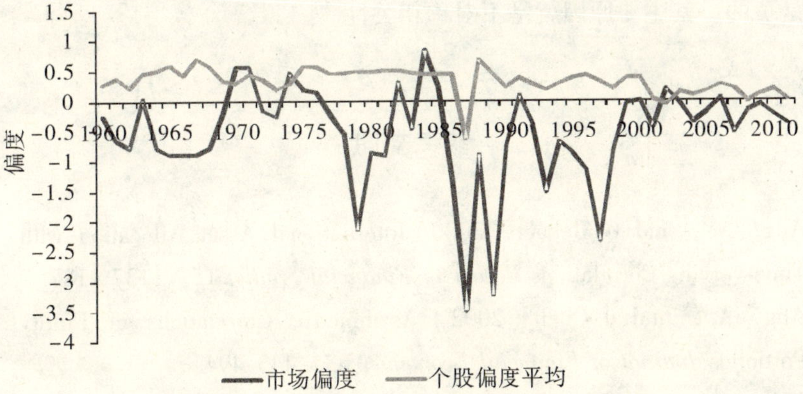

图 1.6.3　个股收益率的偏度的平均和市场(个股权重相同)收益率的偏度的时间序列

率的偏度的平均是正的但市场收益率的偏度却是负的原因。我们将个股日收益率中大的损失(比如损失超过 6%)与其他平稳的日收益率(0%左右)进行对调。对调的目的是将不对称相关性人为地去掉。这样每个股票收益率的偏度都不变，个股收益率的偏度的平均也不变，但是市场收益率的偏度由原来的负变成了现在的正，这间接证明了不对称相关与市场负偏度紧密相关，并且能解释个股收益率的偏度的平均是正的但市场收益率的偏度却是负的原因。

小　结

认识不对称的相关性对多元化组合具有重要的意义，因为当各类资产价值在下行市场同时下降时，多元化组合分散风险的功能也会下降。

非对称的相关性和市场偏度之间存在一个清楚的线性关系，不对称相关的变化能解释 71% 的市场偏度的变化。因此，不对称相关与市场负偏度紧密相关。

个股收益率的偏度的平均是正的，而市场收益率的偏度几乎总是负的。其主要原因就是不对称相关性。

参考文献

Ang, A., and G. Bekaert (2000) International Asset Allocation with Time-varying Correlations *Review of Financial Studies* 15: 1137-1187.

Ang, A., and J. Chen (2002) Asymmetric Correlations of Equity Portfolios *Journal of Financial Economics* 63: 443-494.

Bekaert, G., and Wu, G. (2000) Asymmetric Volatility and Risk in Equity Markets. *Review of Financial Studies* 13: 1-42.

Black, F. (1976) Studies of Stock Price Volatility Changes. In *Proceedings of the American Statistical Association*, Business and Economics Statistics Section: 177-181.

Campbell, J., and Hentschel, L. (1992) No News is Good News. *Journal of Financial Economics* 31: 281-318.

Christie, A. A. (1982) The Stochastic Behavior of Common Stock Variances-Value, Leverage and Interest Rate Effects. *Journal of Financial Economics* 10: 407-432.

Chordia, Tarun, Amit Goya, and Qing Tong (2011) Asymmetric Correlations. Working paper.

French, K. R., Schwert, G. W., and Stambaugh, R. F. (1987) Expected Stock Returns and Volatility. *Journal of Financial Economics* 19: 3-29.

Hong, H., and Stein, J. C. (2003) Differences of Opinion, Short-Sales Constraints, and Market Crashes. *Review of Financial Studies* 16: 487-525.

Hong, Y., J. Tu, and G. Zhou (2007) Asymmetries in Stock Returns: Statistical Tests and Economic Evaluation *Review of Financial Studies* 20: 1547-1581.

Long, F., and B. Solnik (2001) Extreme Correlation of International Equity Markets. Journal of Finance 56: 649-676.

Pindyck, R. S. (1984) Risk, Inflation, and the Stock Market. *American Economic Review* 74: 335-351.

Veronesi, P. (1999) Stock Market Overreaction to Bad News in Good Times: A Rational Expectations Equilibrium Model. *Review of Financial Economics* 12: 975-1007.

Veronesi, P. (2004) The Peso Problem Hypothesis and Stock Market Returns. *Journal of Economic Dynamics and Control* 28: 707-725.

Wu, G. (2001) The Determinants of Asymmetric Volatility. *Review of Financial Studies* 14: 837-859.

1.7 指数交易如何增加市场的脆弱性

在本章中，我们讨论指数交易对市场相关性增加的影响。我们对被动管理的指数基金和 ETF 的崛起对市场的影响提供新的见解。特别是，指数交易使多个股票的交易同步，因此系统性风险水平上升，而且它会降低整个股票市场多元化的好处。

指数化投资，包括指数基金和交易所买卖基金，在过去的 20 年中经历了巨大的增长。毫无疑问，这种现象是由于指数基金的吸引力，它们一般管理成本低，易于对整个市场或行业进行投资。另外主动管理型的基金经理面临很大挑战，毕竟，这是一个零和游戏，甚至考虑成本后是负的。然而，指数基金和日益普及的 ETF 带来的负面影响是它们增加了交易的共性(例如，一篮子买卖)，即许多股票同时被买进或卖出。因此，在给定的指数基金里的全部股票将倾向于在整个交易日里一起上下移动。

我们也正想了解不同大小和类型的美国股票的贝塔系数(beta)自 1997 年以来共同上升和收敛的原因(如图 1.7.1 所示)。图 1.7.1 画出了各种大小和类型的同等加权股票的 beta 时间序列。这似乎在意味着系统性风险的上升，和被动管理型的指数基金交易共同性上升。下文中我们通过一系列的测试，来研究被动投资的交易共性对市场风险的系统性影响。

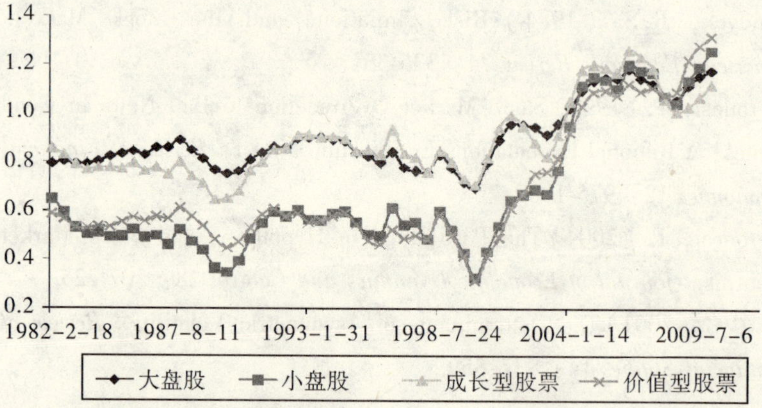

图 1.7.1　各种大小、成长型和价值型的同等加权股票的 beta 的时间序列

在评论大量指数投资给市场带来的后果时，Wurgler(2010)指出，指数投资可能会扭曲股票价格和风险收益均衡。它可能扭曲企业的投资和融资决策，投资组合分配决策，并影响基金经理技能的评估。这些影响可能会随着指数投资的日益普及而加剧。

1.7.1　指数交易的增长

在过去的 30 年中，美国股市的主要变化是机构投资(institutional investors)的大幅增长。机构对公司股权的平均持有比例从 1980 年的 24% 增长到 2000 年的 44%，2010 年已经达到近 70%。这些统计数据表明，在最近几十年中，机构投资越来越普遍。因此，机构投资的影响一直在稳步增长，它已成为主导股市的力量。

近十几年来，投资于指数共同基金和 ETF 的资产也迅速上升。图 1.7.2 比较了从 1993 年 2 月至 2010 年 9 月主动管理的基金和被动管理的基金资产总值。图中资产是美国股票资产。我们计算投资于指数的共同基金，加上被动式管理的 ETF 投资。截至 2010 年 10 月，股票型共同基金和交易所买卖基金的总资产达 3.5 万亿美元。

其中，23 000 亿美元积极管理，余下的 1.2 万亿是被动式管理。被动式管理的资产中，股票型 ETF 和指数共同基金分别为 619 亿美元和 605 亿美元。正如从图 1.7.2 中可以看出，被动管理基金在目前虽然只占大约 1/3 的所有股票型基金的资产，但被动管理的资产过去 17 年的年均增长率一直是积极管理的资产的两倍（被动为 26%，主动为 13%）。

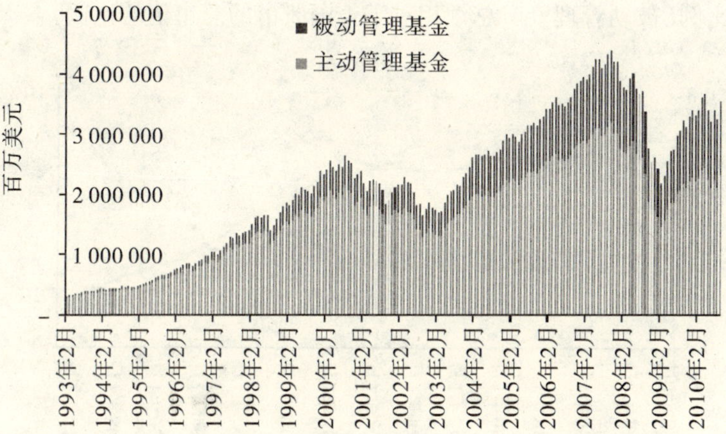

图 1.7.2 主动和被动管理型股票基金类型的资产增长

1.7.2 测量交易的共性

相对快速的被动管理的资产额增长增加了相应的指数交易需求。指数交易活动，反过来，又推动股票交易的共同性提高。这些一篮子交易指令有时分散在数天或数周完成，以尽量减少对市场价格的影响。这样，在一个时期内的买（卖）可能会持续一段时间。此外，很多不同的指数基金的基准都一致（S&P 500 或 Russell 3000），因此一般会持有多个重叠的股票。总之，它们导致横向的交易量的分散性减少，即共同性增加。

我们会看到，为了了解指数交易对市场的影响，需要重点关注股票交易量的变化，而不是成交量的绝对水平。因此，我们将注意力集中于检查截面交易量变化的分散性。要做到这一点，我们首先衡量从一个周期到下一个周期的对数交易量的变化，计算公式为：

$$VC_t = \ln\left(\frac{V(t)}{V(t-1)}\right) \quad (1)$$

请注意，式(1)与经常使用的对数收益率的定义是类似的。然后，我们计算横向的交易量变化的分散度，即某个时间段(t)内的交易量变化的标准偏差。

图 1.7.3 显示了横向的交易量变化的分散度与被动管理基金资产比例(被动管理资产总额相对于美国股市的总市值的比例)。

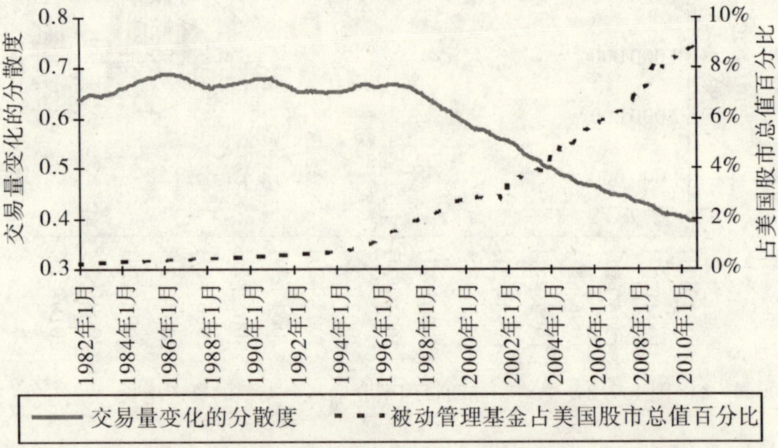

分析基于美国股市。横向的交易量变化的分散度为 3 年的移动平均。

图 1.7.3　横向的交易量变化的分散度与被动管理基金资产比例

图 1.7.3 表明了一个新的发现，横向的交易量变化的分散度经历了两个不同状态的转变：从 1979 年至 1996 年的大致恒定，到 1997 年至 2010 年的持续下降。此外，有趣的是在第二个状态里，分散度几乎以恒定的速率下降。

图 1.7.3 还示出，随着时间的推移，交易量变化的分散度下降与被动管理资产的增长几乎成反向线性关系。这一发现与我们的论点高度一致，即指数成交量的增加带来交易量变化的共同性上升。

我们利用被动管理资产的增长来代理指数交易的增加。然而，指数交易可以来自更广泛的投资工具。例如，高频交易者可能试图去捕捉 ETF 和指数基金之间的差价。这种系统的许多股票的交易可能也会降低成交量变化的分散度。

1.7.3 测量成对相关性

正如我们前面提到的指数基金和 ETF 的交易的共同性往往导致成分股票在给定的一段时间里朝同一方向移动。因此，我们希望看到 20 世纪 90 年代后期随着时间的推移，股票收益率和交易量变化的相关性增加。在图 1.7.4 中，我们画出所有在 NYSE/ AMEX/ NASDAQ 交易的股票的平均相关系数。该图显示了每日收益率和成交量变化的同等加权平均相关性，可以看到它们在 1997 年后稳步增加。收益率和成交量变化的相关性是基于 26 周的每日收益率和成交量变化，然后对所有成对的股票进行平均。

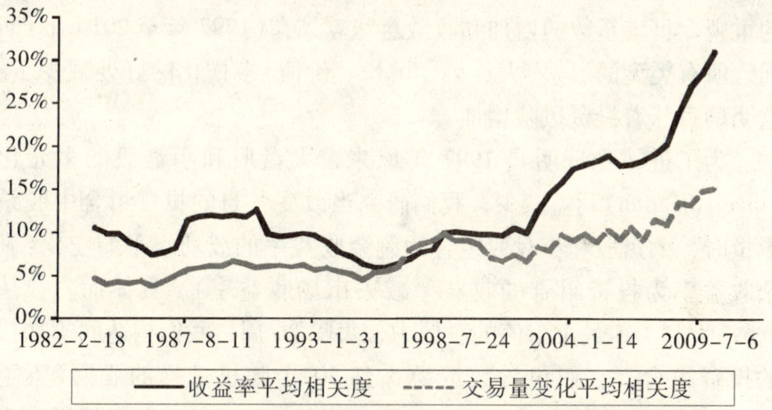

图 1.7.4 成对股票收益率和交易量变化的平均相关系数(3 年移动平均)

正如图 1.7.3，图 1.7.4 也显示，成对的股票收益率和交易量变化的平均相关性有两种不同的状态：一个相对平坦的时期(1980 年至 1996 年)，另一个上升时期(1997 年至 2010 年)。这与我们的主要论点一致。我们认为，这个状态转变在很大程度上是由于指数交易的增加，导致股票价格和成交量变化的平均成对相关性增加。

1.7.4 指数交易对投资组合的影响

正如前面提到的，我们寻求了解不同大小和类型的美国股票贝塔系数在1997年后的稳步增长和收敛的原因（如图1.7.1所示）。我们认为答案就在于指数交易的交易共性增加。在图1.7.4中，我们发现自1997年以来股票价格和成交量变化的平均成对相关性增加。由此看来，我们可以合理地推断，这种相关性的上升同时产生了股票平均贝塔系数上升和收敛。

在计算图1.7.1的平均贝塔系数时，我们对不同大小或净值市价比的股票进行同等加权平均。贝塔系数的测量区间为26周。

引人注目的是，所有的大小和类别的贝塔系数的差异在过去10年已经大大缩小了。这种收敛表现为自2000年后，所有大小和风格类别的平均贝塔系数一起开始稳步上升。这些结果值得投资者的重视。贝塔系数的增加和收敛意味着，在(1997年至2010年)期间，所有类型的股票(大、小、增长、价值)多样化的好处减少了。这明确意味着投资风险增加。

为了进一步证明自1997年以来，大盘股和小盘股的多元化(diversification)利益减少，我们研究当改变各自的投资组合中股票数量时，大盘股和小盘股组合的剩余收益率的波动水平的变化(剩余收益率为投资组合的收益率减去市场收益率)。具体而言，从1/5最大和1/5最小市值的股票中，每隔26周，我们构造同等加权的投资组合，它们包含数量为5到50个随机选择的股票(不重复)。类似的方法见Kamara，Lou和Sadka (2010)。我们将样本划分为两个子期间，1979—1996年和1997—2010年。对于每个子周期，我们计算每个投资组合的剩余收益率的波动性。

图1.7.5给出了结果。它表明，对于大型和小型组合，在第二个子周期(1997—2010年)里多元化的好处大大减少。换句话说，为了保持同样的剩余收益率波动水平，1997年后的投资者需要将投资组合中的股票数量增加。事实上，在小盘股组合里，再也不能达到低于1%的剩余收益率的波动水平，而到1997年之前，可以只用30只股票就达到目的。在大盘股组合里，现在必须增加1倍

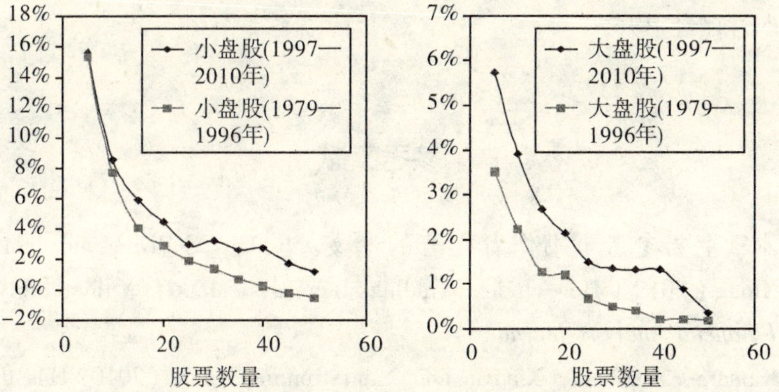

图 1.7.5　剩余收益率的波动率与股票个数

以上，即增持大盘股超过 40 只股票，才能达到低于 1% 的剩余收益率的波动水平的目标。总之，这些结果清楚地表明投资者分散风险的能力在最近的十几年中减少。

小　结

被动管理的指数型基金及交易所买卖基金(ETF)，已经历了近 10 年的加速增长。现在的被动管理的资产值达到积极管理的共同基金资产值的一半以上。然而，被动投资的交易量增长具有重要的后果。它意味着交易的共同性的增加。交易的共同性即多个股票同时买卖。这种交易的共同性的增加推动了市场的相关性上升，导致它对整体市场和投资者的投资组合产生根本性的影响。

我们认为，大量股票同时交易会让市场的系统性风险上升。我们的研究结果表明，自 1997 年以来交易共性的明显上升与市场的系统性风险增大有关。

我们观察到成对股票收益率的相关性、成对交易量变化的相关性，都从 1997 年以来显著地增加。此外，我们展示了各种类型的股票投资组合(小盘股，大盘股，成长股，价值股)的多元化好处的下降。总之，我们的研究结果表明，近十几年来，美国股市的脆弱性已经上升。

参考文献

本章主要参考本书作者合著的论文：Rodney Sullivan and James Xiong (2012) How Index Trading Increases Market Vulnerability. *Financial Analysts Journal.*

Kamara, Avraham, Xiaoxia Lou, and Ronnie Sadka. (2010) Has the U. S. Stock Market Become More Vulnerable Over Time? *Financial Analysts Journal*, Vol. 66, No. 1: 41-52.

Sullivan, Rodney N. and James X. Xiong (2012) How Index Trading Increases Market Vulnerability. *Financial Analysts Journal.*

Wurgler, Jeffrey (2010) On the Economic Consequences of Index-Linked Investing. *Forthcoming in Challenges to Business in the Twenty-First Century: The Way Forward.* W. T. Allen, R. Khurana, J. Lorsch, G. Rosenfeld, Eds. American Academy of Arts and Sciences.

1.8 高频交易(HFT)对市场的冲击

1998年美国证券交易委员会(SEC)授权电子交易所后不久，高频交易便开始了。直到最近，高频交易在金融业之外仍是一个鲜为人知的话题。

高频交易是利用先进的技术手段和计算机算法，迅速地买卖证券。高频交易使用由电脑设计的专有的交易策略。在21世纪之初，高频交易的执行时间为几秒钟，而到2010年已下降到毫秒甚至微秒。高频交易商依靠先进的计算机系统和闪电般的交易速度进入市场。他们宣称通过做市(market-making)和套利交易能提供市场所需的流动性和帮助价格发现。截至2009年，研究表明，高频交易公司占所有美国股票交易量的60%～73%，这个数字在2012年下降到约 50%。近来因为市场的激烈竞争而导致高频交易的利润下降。

高频交易商旨在捕捉有时只是 1/10 美分的利润。他们只建短线仓位，一般不用杠杆。他们的竞争对手是其他高频交易商，而不是长期投资者。高频交易潜在的夏普比率有时比传统的购买和持有策略高几千倍。

研究表明高频交易可能会对金融体系产生严重的风险。高频交易也被指可能是发生在 2010 年 5 月 6 日的闪电崩溃的祸手之一，它们在市场急需流动性时却迅速退出。一些欧洲国家由于担心它增加市场波动已提出削减或禁止高频交易。其他投诉包括在指数基金调整它们的投资组合时，高频交易获取指数基金的投资者的利润。

Zhang（2010）研究了高频交易对股票价格的波动性和价格发现的影响。他在控制一些影响股价波动的基本决定因素后，发现高频交易与股票价格波动呈现正相关。这种正相关性在市值最大的 3 000 只股票及大机构持有的股票中更为明显。在市场不确定性较高的期间正相关性也更强。此外，他还发现高频交易阻碍市场价格发现的能力，并使股票价格往往对基本面消息反应过度。总体而言，他的研究表明，高频交易可能对资本市场有一些有害的影响。

1.8.1　2010 年 5 月 6 日的闪电崩盘

2010 年 5 月 6 日，道琼斯工业平均指数暴跌 998.5 点，在随后的 20 分钟之内恢复了 600 点。这就是著名的 2010 年 5 月 6 日闪电崩溃。尽管其持续时间短暂，闪电崩盘让许多市场参与者深受影响。交易所最终取消了价格低于下午两点 40 分（美国东部时间）时的价格的 60% 的交易，但很多散户投资者的市场止损策略使其股票在价格远远低于当天早些时候的市场水平卖出。专业投资者也遭受打击：流动性提供者买了受到打压的股票，并通过卖空类似的证券或期货合约来对冲其多头头寸，遭受了严重损失，因为他们的多头头寸被取消，而空头头寸的价格大幅反弹。

在崩溃之后，一些机构认为，高频交易并不是主因，它甚至可能部分地扭转了崩溃（CME，2010）。大型期货交易所 CME 集团表示，就CME交易的股指期货而言，调查没有发现高频交易与闪电崩盘相关，反而它有一个稳定市场的作用。

然而，美国商品期货贸易委员会(CFTC)和美国证券交易委员会的联合报告提出了一个导致闪电崩盘的解释(CFTC 和 SEC，2010)。具体而言，当日下午2:32，一个交易员使用经纪人算法在芝加哥商业交易所(CME)一共卖了75 000份e-mini合约(名义金额约为41亿美元)。交易旨在对冲现有股本头寸。交易商输入了正确的指令和规定了售出金额的上限，但没有设置价格限制。随后的价格走势由反馈回路放大，最终导致闪电崩盘。联合报告发现"高频交易商迅速放大了共同基金的销售带来的影响"。

1.8.2 充满争议的高频交易

一些报告说，高频交易能降低波动性和不构成系统性风险，能降低散户投资者交易成本，而不会影响长期投资者，然而，自2010年5月6日闪电崩盘以来，高频交易一直受到社会的广泛关注和激烈辩论，至少有一个经济学诺贝尔奖得主Michael Spence认为，高频交易应该被禁止。

证券交易委员会和商品期货交易委员会的联合报告指出(CFTC 和 SEC，2010)："做市者和其他流动性提供者的报价价差扩大，一些高频交易商提供的流动性减少，大部分高频交易商在闪电崩盘中完全退出市场"。大西洋两岸的政治家、监管者、记者和市场参与者都对高频交易提出了关注。这些导致了高频交易做市商是否应该受到各种监管的讨论。

芝加哥联邦储备银行2012年10月的信（Clark，2012），题为"如何在高频交易的时代保持市场的安全"，报告了一个基于对几十个金融行业的专业人士，包括交易员、经纪人以及交易所的民意调查。结果发现：

1. 在高频交易时的风险控制较差，因为竞争激烈的时间压力，没有更充分的安全检查。

2. 一些公司在交易算法代码的开发、测试和部署中没有严格的流程。

3. 失控的算法很常见，原因不是很清楚。

信中建议对高频交易的管制措施包括：

限制一个指定的时间内的交易数量；

设置一个可以停止交易的一个或多个级别的“切断开关”；

限制在一天内的最大交易量；

盈利和亏损限制，即限制可能会损失的美元值。

1.8.3　市场结构和闪电崩盘

Madhavan(2012)分析了市场结构和闪电崩盘之间的关系。他认为交易场所的泛滥已经导致交易比以往任何时候都更加分散。他构建了测试交易市场分散的方法，并且表明交易市场的分散解释极端价格波动的重要性。

今天的美国股市的结构非常复杂，有12个以营利为目的的交易所(例如纽约证券交易所等)与约30多个暗池(dark pool)参与交易量竞争。暗池提供隐蔽的流动性和包括经纪人/交易商的暗池(例如高盛的西格玛X)、交易所自己拥有的暗池(例如Direct Edge)和独立的暗池(例如ITG的POSIT)。交易场所泛滥的结果是交易变得很分散。Madhavan(2012)提出了一些解决这些问题的方法。

1.8.4　羊群效应和高频交易

Sornette和Von Der Becke(2011)认为，流动性超出一定范围，实体经济不再额外地受益，此时流动性的增加易于导致羊群效应，可能引发系统性不稳定，并最终崩盘。

当不同的投资工具(股票型ETF或期货)连接到相同的指定资产(股票)，它们可能会相互激发以致增加相关性。这不仅会发生在大崩盘的时候，也可能发生在6个月亏损幅度超过10%左右的时候。这些因素导致高频交易可能会造成更大的系统性风险。高频交易利用短期的信息以及自适应算法，通过羊群效应产生相同步的信号，导致短暂的很大的不稳定性。Froot et al.(1992)发现如果投机者的投资期限很短，他们可能试图了解其他知情交易者在干什么。他们甚至对完全与基本面无关的信息感兴趣。

小　结

高频交易(HFT)是利用先进的技术手段和计算机算法，迅速地买卖证券。高频交易使用由电脑设计的专有的交易策略。研究表明高频交易可能会对金融体系产生严重的风险，从而对资本市场有一些有害的影响。高频交易可能是发生在2010年5月6日的闪电崩盘的祸手之一，它们在市场急需流动性时却迅速退出。

一些报告说，高频交易能降低波动性和不构成系统性风险，能降低散户投资者交易成本，而不会影响长期投资者，然而，自2010年5月6日闪电崩盘以来，高频交易一直受到社会的广泛关注和激烈辩论。

有研究则认为流动性超出一定范围，实体经济不再额外地受益，此时流动性的增加易于导致羊群效应，可能引发系统性不稳定，并最终崩盘。

参考文献

CFTC and SEC(2010) Findings Regarding the Market Events of 6 May 2010. Report by the U. S. Commodity Futures Trading Commission and the U. S. Securities and Exchange Commission (30 September).

Clark, Carol. (2012) How to keep markets safe in the era of high-speed trading. Chicago Fed Letter, No. 303

CME Group. What happened on May 6th? 2010-05-18.

Froot, K. A., D. S. Scharfstein, and J. C. Stein (1992) Herd on the street: Informational inefficiencies in a market with short-term speculation. *Journal of finance*, 47(4): 1461-1484.

Madhavan, Ananth(2012) Exchange-Traded Funds, Market Structure, and the Flash Crash. *Financial Analysts Journal*, Vol. 68. No. 4: 20-35.

Sornette, Didier, and Susanne Von Der Becke (2011) Crashes and High Frequency Trading. Swiss Finance Institute Research Paper Series No. 11-63.

Zhang, Frank (2010) High-Frequency Trading, Stock Volatility, and Price Discovery. Working paper, Yale University (December).

第二部分 资产和市场尾端风险的预测

第二部分预测资产和市场的尾端风险。从很多角度看，预测资产和市场的尾端风险是一件艰巨的任务，因为市场是个相当复杂的系统。同时，市场的尾端风险也呈现各种各样的形式。有的在1天内崩溃(如1987年股灾)，有的崩溃长达半年(如2008年金融危机)，有的则长达4年(如1929年大萧条)。学者和从业者尝试了很多模型来预测尾端风险。在这一部分里，我们讨论几种实用的方法。第一章专注于过去两年左右的价格加速增长。在这种情况下，股票价格上升的速度越来越快。价格增长的速度快于指数增长。我们发现，价格加速增长是股票崩溃的一个推动力。这些发现具有经济意义，因为投资者可以更好地根据过去的加速增长速率预测股票崩溃的几率。

第二章讨论投资者情绪指数（investor's sentiment)。行为金融模型的两个基本假设之一是投资者都受到情绪的影响。我们用Baker和Wurgler(2007)构建的投资者情绪指数举例说明情绪指数对成长型股票的业绩有很好的预测能力，也就是说，投资者投资成长型股票时应避开情绪指数高涨时期。

第三章介绍状态转换模型（regime switching model)。大量研究表明预测状态转换能给投资者带来机会。一般而言，平稳状态的平均收益率比动荡状态的平均收益率高，因此投资者可以根据状态转换模型的预测作出动态的资产配置，在市场波动率高时避开股市。

第四章用对数周期性幂律模型(log-periodic power law，简称LPPL)对尾端风险进行预测。地球物理学家Didier Sornette在他的书*Why Stock Markets Crash*中用对数周期性幂律模型预测了很多市场的崩溃。我们在这里把它应用到6个市场崩溃实例中，它们是

1929 年美国大萧条、1987 年股灾，1998 年香港恒生指数崩溃、2000 年的美国互联网泡沫、2007 年的中国股市泡沫和 2012 年的国画 400 指数泡沫）。这些市场在崩溃之前都符合对数周期性幂律。它表明所有 6 个市场崩溃的原因可能都是一致的。正反馈作用和羊群效应能够导致市场失衡并最终走向崩溃。当股票价格超指数上涨时，高额的回报率也伴随着崩溃的高风险率。

2.1　加速增长能导致崩溃

市场崩溃对社会财富和投资组合管理有深刻的经济后果。我们已经目睹了不少快速增长导致市场崩溃的事例。有名的例子包括前面讲到的 1637 年的荷兰郁金香狂热、1720 年在英国发生的南海泡沫、1929 年的大萧条和 2000 年初达到顶峰的互联网泡沫。这些崩溃的相同特征之一是价格加速增长，以及投资者在市场顶峰时的兴奋。在这些和许多其他类似的泡沫事件中，资产价格上升的速度越来越快，导致不可持续的增长和市场崩溃。

泡沫和崩溃往往是彼此相关联。资产泡沫通常被定义为资产的价格在相当长的一段时间内超过其基本值（参见，Kindleberger (1978) 等）。这个定义可能会受到潜在的批评，因为泡沫难以被识别，预测泡沫何时会破灭就更难。

市场有效假设意味着泡沫难以形成，由于大量消息灵通的套利者存在，任何偏离基本面的价格都将得到纠正。不过，Blanchard 和 Watson(1982) 认为，泡沫具有合理性，失控的资产价格和市场崩溃与理性泡沫不相冲突。Abreu 和 Brunnermeier (2003) 表明，泡沫可以存在相当长一段时间，理性的套利者知道市场最终会崩溃，但市场崩溃前他们愿意冒险继续享受泡沫带来的高回报。

文献中有关单个股票崩溃的研究论文还不多。Chen，Hong 和 Stein (2001) 利用偏度作为衡量单个股票崩溃的变量。他们发现，从横截面上看，容易崩溃的个股呈现这三个特征：(1) 它们前 6 个月的成交量有上升的趋势；(2) 它们前 36 个月的收益率较高；(3) 市值较大。其中第二个特征显示过去的回报或价格增长率对股票崩溃的影响。前 36 个月的高回报意味着泡沫已经建立了很长一段时间，泡沫破灭时价格往往经历一个大的修正后回到基本面值。

在本章中，我们扩展了 Chen，Hong 和 Stein(2001)的工作并专注于研究过去一年的价格加速增长。在这种情况下，股票价格上升的速度越来越快。价格增长的速度快于指数增长。我们发现，价格加速增长是股票崩溃的一个推动力。这些发现具有经济意义，因为投资者可以更好地根据过去的加速增长速率预测股票崩溃的几率。

加速增长和自回归模型里的单位根（unit root）大于 1 相一致。单位根大于1 表明泡沫可能存在。Taipalus（2012）用滚动样品的单位根是否大于1 来测试1871 年至2010 年美国股市的数据，发现在大多数情况下，单位根大于1 能预测泡沫的存在。

一个自然的问题是加速价格的增长如何可能会发生。一种可能性是正反馈过程可以导致价格加速增长。正反馈过程的一个例子是，投资(或撤出)今天的钱，从而导致更多的投资者投资(或撤出)明天的钱。正反馈过程与从众行为密切相关。许多研究都认为从众行为可能导致金融市场的过度波动(Shiller（1989），Topol（1991），Bannerjee（1992），Orléan（1995））。Shiller(2005)提供了大量的证据来支持他的论点：非理性繁荣对跌宕起伏的股市和房地产市场起到了显著作用。他列举了 12 个促发了股市和楼市的繁荣因素。这些因素通过正反馈回路被放大，并最终导致市场崩溃。

数据来源

我们的数据包括所有从 1960 年 1 月至 2011 年 12 月在纽约证券交易所(NYSE)和美国证券交易所(AMEX)交易的股票。我们从CRSP 股票数据库收集每日收益率、每天的交易量、每天流通在外股数(不调整自由浮动)。股票价格必须超过 2 美元。我们排除像美国存托凭证(ADR)之类的外国股票的衍生证券。

我们进一步删除在纽约证券交易所/美国证券交易所(NYSE/AMEX)交易的市值在20 个百分比以下的微小股票。通过去除小盘股，能进一步提高信号与噪声的比例。

2.1.1 价格加速增长

资产价格的指数增长规律可以写成：

$$p_t = p_0 e^{r \cdot t}$$

其中 P_t 是股票在时间 t 的价格。r 称为对数收益率（logarithmic return），或连续复利回报（continuously compounded return）。在下文中，我们有时把它也简称为收益率。Abreu 和 Brunnermeier（2003）的模型假设泡沫增长率为常数。在本文中，我们更感兴趣的是价格的加速增长或快于指数增长的影响，它的定义是对数收益率 r 随着时间的推移越来越快，因此，价格上涨的速度越来越快。

我们很容易看到一个加速增长的泡沫比匀速增长的泡沫更易破灭。据我们所知，加速增长对泡沫的影响还没有被实证研究检验。

图 2.1.1 显示了在纳斯达克交易的股票（股票名称 INFA）加速增长后大跌的例子。它在第一阶段（菱形符号，从 2009 年 12 月至 2010 年 8 月）的对数收益率为 22% 左右，第二阶段（方形，从 2010 年 8 月至 2011 年 5 月）加速至 60%。股价达到高峰后（三角形，从 2011 年 5 月至 2011 年 8 月）大跌约 29%。

2.1.2 股灾测量方法

我们采用三个股灾测量方法：（1）偏度（SKEW）；（2）过剩的条件风险值（excess conditional-value-at-risk，ECVaR）；（3）最大跌幅（MDD）。SKEW 是衡量收益率不对称性的一个量。负偏度表示较大的负回报的概率较大。我们沿用 Chen，Hong 和 Stein（2001），Bates（1991，1997）的手法，以偏度作为衡量崩溃的可能性的一个量。

第二个股票崩溃的测量度是 ECVaR，它专门测量左尾端风险。它基于条件风险值（CVaR）。CVaR 的另外的名称是预期的左尾端损失。ECVaR 被定义为在某一期间内，股票的 CVaR 超出正态分布（假设该股票收益率为正态分布）所对应的 CVaR 的尾端风险。换句

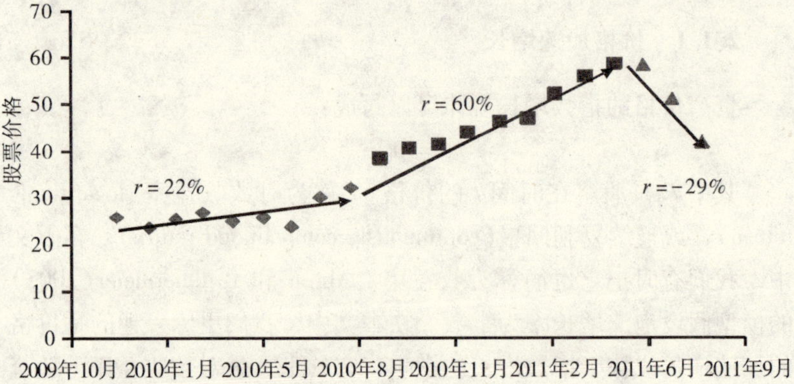

图 2.1.1　价格加速增长导致崩溃的一个例子

话说，通过控制股票的波动性，股票的 ECVaR 是股票的 CVaR 归一化后的一个版本。更多详细信息及公式，请参阅本章的附录。

第三个股票崩溃的测量度是 MDD，被定义为在给定时间周期内股票从峰值到低谷的累计损失。因此，它可以量化在最坏的情况下，即投资者买高卖低时承受的损失。MDD 是一种常用的对下行风险的测量。例如，Zhou and Zhu（2010）研究了 2008 年金融危机期间的 MDD 概率。根据定义，MDD 具有负值，除非价格在某一时期内不变，在这种情况下，MDD 值为零。在这里，MDD = -50% 被读作为 MDD 的值为 -50%，或尾端损失为 50%。

表 2.1.1 给出了 4 个风险变量之间的相关性，它们是标准方差（Standard Deviation，简称 SD），MDD，SKEW，ECVaR。所有 4 个量的计算都基于 6 个月的日收益率。我们先计算每只股票的 4 个变量从 1960 年 6 月至 2011 年 12 月的相关矩阵，然后对全部股票计算它们的平均值。

SKEW 和 ECVaR 相关系数为 78%，这说明即使它们以非常不同的方式构建，但它们都测量了回报分布的尾端信息。SKEW 和 ECVaR 分别与 MDD 的相关性都较低，所以 MDD 能够提供一些其他的信息。MDD 和标准偏差之间的相关性为负的 60%，这主要是因为非对称性波动（亏损严重时波动性往往较高）。

表 2.1.1　标准偏差，最大的亏损，偏度和 ECVaR 在同期的平均相关矩阵

	SD	MDD	SKEW	ECVaR
SD	1.00	-0.60	0.11	0.01
MDD		1.00	0.22	0.34
SKEW			1.00	0.78
ECVaR				1.00

2.1.3　横截面回归分析设置

我们利用一系列横截面回归研究加速增长对股票崩溃的影响。因变量是每个股票 i 在未来 6 个月内($t+1$)的 3 个股票崩溃的测量度：$SKEW_{i,t+1}$，$ECVaR_{i,t+1}$，或 $MDD_{i,t+1}$.

独立变量包括每个股票在过去 6 个月(t)的收益率 $r_{i,t}$；日收益率的标准方差——$SD_{i,t}$；对数市值—— $LOGSIZE_{i,t}$；消除趋势后的周转率（股票成交量除以流通总股数被定义为周转率）——$DTURNOVER_{i,t}$。我们包括 DTURNOVER 是因为 Chen，Hong 和 Stein（2001）发现它有预测股票崩溃的能力。

SKEW 测量对数每日超额收益的偏度。如果股票收益率服从对数正态分布(lognormal)，那么对数收益率的偏度为零。超额收益指超出国库券回报的收益。

我们选择 6 个月测量股市崩溃是基于 Chen，Hong 和 Stein（2001）。有趣的是，Watanabe，Takayasu，和 Takayasu（2007）表明，泡沫的行为可以最清楚地用约 100 个交易日(略少于 6 个月)的时间尺度来检测。

2.1.4　预测股票崩溃

现在我们通过标准的 Fama-MacBeth(1973)回归研究收益率 $r_{i,t}$ 对股票崩溃的影响。这种回归分析可以理解为利用时间 t 以前的信

息预测 下一个期间，即从时间 t 到时间 $t+1$ 期间的股灾的概率。

从 1964 年 1 月开始至 2011 年 12 月，在每个非重叠的 6 个月期间，我们运行横截面回归，即在周期 $t+1$ 的股灾变量与在周期 t 的独立变量的线性回归。这为我们提供了 96 个非重叠的每半年的每个解释变量的系数以及其标准误差。然后，我们对这些系数进行时间上的平均。表 2. 1. 2 和表 2. 1. 3 中括号内显示了调整异方差后这些系数的 t 统计值。

表 2. 1. 2 和表 2. 1. 3 各显示了 3 个横截面回归分析。在两个表中我们改变独立变量，而因变量(即未来 6 个月期间 $t+1$ 三个崩溃测量度)保持一致。表 2. 1. 2 中，独立变量是在过去 4 年中从时间 t-7 到时间 t 共 8 个 6 个月的收益率。

在表 2. 1. 3 中，我们测试我们主要的论点，即加速的对数收益率 $r_t - r_{t-1}$ 对股灾的影响。$r_t - r_{t-1} > 0$ 表示加速增长的股票价格，因此它考察快于指数的价格增长对股票崩溃的影响。我们也包括独立变量($r_t + r_{t-1}$)来控制在周期 t 和 $t-1$ 里的动量效应(momentum effect)。我们还添加了 $SD_{i,t}$，$LOGSIZE_{i,t}$；$DTURNOVER_{i,t}$，以及滞后因变量如 $SKEW_{i,t}$，因此，我们的研究可以和 Chen，Hong 和 Stein (2001)部分地相比较。

表 2. 1. 2 显示，所有其他条件相同时，过去 4 年的收益率较高的股票预计将会有更负的 SKEW 和更负的 ECVaR。SKEW 和 ECVaR 系数的 t-统计值大多在 1% 的水平上是显著的。这些研究结果在很大程度上和 Chen，Hong，Stein (2001) 是一致的。他们表明了过去的回报率越高，未来的 SKEW 更负 。

然而，MDD 从 t-5 到 t 的系数是显著的正的，这表明过去的回报和未来的 MDD 之间正相关。这种正相关的关系其实是反映了回报的动量效应。动量效应意味着更负的过去的回报预测未来更负的回报。

总之，过去的回报率较高或成长率($r_{t,\dots}$，r_{t-6})预测一个更负的 SKEW 和更负的 ECVaR，而不是更严重的 MDD，因为 MDD 受到来自动量效应的影响。

表 2. 1. 3 显示了我们的主要论点，即股票的加速增长 (r_t −

表 2.1.2　　过去 4 年的收益率预测股票崩溃(1964 年 1 月至 2011 年 12 月)

	intercept	r_t	r_{t-1}	r_{t-2}	r_{t-3}	r_{t-4}	r_{t-5}	r_{t-6}	r_{t-7}
$SKEW_{t+1}$	0.32	-0.32	-0.19	-0.18	-0.14	-0.13	-0.11	-0.13	-0.04
	(10.89)	(-9.85)	(-5.00)	(-9.24)	(-6.02)	(-4.25)	(-4.62)	(-5.76)	(-1.74)
$ECVaR_{t+1}$	-0.0006	-0.0028	-0.0015	-0.0017	-0.0013	-0.0012	-0.0005	-0.0013	-0.0004
	(-2.36)	(-12.40)	(-4.20)	(-5.02)	(-3.92)	(-3.30)	(-1.98)	(-4.83)	(-1.89)
MDD_{t+1}	-0.187	0.050	0.042	0.017	0.026	0.012	0.018	0.002	0.009
	(-18.94)	(4.40)	(4.15)	(2.61)	(2.94)	(2.65)	(2.68)	(0.32)	(1.40)

表 2.1.3　价格加速增长($r_t - r_{t-1}$)预测股票崩溃(1964 年 1 月至 2011 年 12 月)*

	intercept	$Lagged_t$	$r_t - r_{t-1}$	SD_t	$LOGSIZE_t$	$DTURNOVER_t$	$r_t + r_{t-1}$
$SKEW_{t+1}$	0.63	0.05	-0.12	3.85	-0.07	-0.45	-0.26
	(9.98)	(6.12)	(-7.22)	(3.35)	(-7.83)	(-3.03)	(-13.06)
$ECVaR_{t+1}$	-0.002	0.074	-0.001	0.077	-0.00005	-0.008	-0.002
	(-4.72)	(10.91)	(-9.16)	(3.18)	(-1.18)	(-3.89)	(-11.82)
MDD_{t+1}	-0.10	0.21	-0.02	-4.62	0.004	0.11	-0.004
	(-13.64)	(21.81)	(-7.74)	(-38.61)	(5.81)	(4.88)	(-1.36)

* 时间 t 的滞后变量是第一列中相应的滞后变量。

r_{t-1}）导致该股票易于崩溃。对所有 3 个股票崩溃的测量度，$r_t - r_{t-1}$的系数都在 1% 的显著水平上。请注意，在表 2.1.2 中无论是 r_t 或 r_{t-1}都不能预测 MDD，但在表 2.1.2 中 $r_t - r_{t-1}$可以预测 MDD。

所有 3 个滞后崩溃测量（即在过去时间 t 的 SKEW，或 ECVaR，或 MDD）都有一个显著的正系数，表示容易崩溃的股票往往更易重复其崩溃的历史。

作为稳健性检验，我们把变量 r_t和 r_{t-1}的时间跨度改为从 6 个月到 12 个月的长度，有关 $r_t - r_{t-1}$所有的主要结论都保持不变。

总体而言，这些横截面回归分析提供了有力的证据，快于指数增长会加大股票崩溃的概率。特别是，$r_t - r_{t-1}$不仅能预测 SKEW 和 ECVaR，而且还能预测 MDD。相比之下，无论是过去的回报和 DTURNOVER 都无法预测 MDD。

2.1.5　加速增长对投资组合的影响

前面的横截面回归分析结果提供的强有力的证据表明，加速增长可能会导致股票崩溃。在本节中，我们探讨加速成长型股票在投资组合中的表现。具体来说，我们将所有的股票按到过去一年内的对数收益率的变化 $r_t - r_{t-1}$的排序分成 5 份，其中每一份作为一个投资组合。我们的研究表明，经历过加速增长的股票投资组合表现较差且崩溃的概率较高。

虽然按 $r_t - r_{t-1}$单一排序也可以提供有用的信息，但其他因素，如股票波动率、股票动量、股票市值等，会影响 $r_t - r_{t-1}$提供的信息。因此，我们更感兴趣的是通过控制这些其他因素的绩效考核。我们可以用双排序来控制这些因素之一。不幸的是，我们的一次双排序也只能控制这些因素中的一个。

使用 12 个月的回报，我们计算对数收益率的变化 $r_t - r_{t-1}$。为了控制波动率的影响，我们先按股票过去 36 个月的波动率排序。然后，将它们分成 5 份（V1，V2，V3，V4 和 V5）。接下来我们对每一份（如 V1）按 $r_t - r_{t-1}$进行第二次排序并将它们也分成 5 份，即 V1 分成了 V1Q1，V1Q2，V1Q3，V1Q4 和 V1Q5。我们一共可以得到 25 小份股票。最后，我们把这 25 份组成 5 个投资组合（Q1，

Q2，Q3，Q4 和 Q5），其中 Q1 是由 5 份按波动率排序后再按 $r_t - r_{t-1}$进行第二次排序整理的第 1 份的平均，即投资组合 Q1 是 V1Q1，V2Q1，V3Q1，V4Q1 和 V5Q1 的同等加权平均。与此类推其他的 Q2，Q3，Q4 和 Q5。

我们把这 5 个投资组合从 1964 年 1 月至 2011 年 12 月的每个月按上述方法重新进行调整。我们可以记下 5 个投资组合的每个月超额收益(超过 TBill)。这 5 个组合(Q1 到 Q5)的性能测试结果示于表 2. 1. 4。

比较 Q1 和 Q5，它们的年几何回报分别为 10. 37% 和 3. 77%(Q1 高出 6. 60%)，标准偏差分别为 20. 37% 和 16. 91%(Q1 高出 3. 46%)，而 Q1 的夏普比率是 Q5 的两倍(0. 62 与 0. 31)。投资组合 Q1 很可能在过去的 6 个月期间经历过大的价格回调。因此，Q1 可能携带尾端风险溢价(见第三部分第二章)。这可以部分解释 Q1 的出色表现。另一方面，投资组合 Q1 的波动性较高与非对称波动性一致：股票负回报或回调时期往往波动率较高。

相比之下，Q5 组合在过去的一年经历了令人印象深刻的价格加速增长。它的表现不佳并不奇怪，因为 $r_t - r_{t-1}$具有预测股票崩溃能力，即价格加速增长容易导致股票大跌，进而影响其业绩。

作为绩效考核的一个重要组成部分，我们有兴趣测量 5 个投资组合的风险调整后的阿尔法(alpha)。我们对投资组合的收益率以及 Carhart(1997)4 个因子进行回归分析来衡量 5 个组合的阿尔法，这 4 个因子包括 3 个 Fama-French(Fama-French，1993)因子，再加上动量因子(Jegadeesh 和 Titman，1993)。阿尔法是回归的截距。阿尔法的 t-统计即回归截距的 t-统计。投资组合 Q1 的阿尔法是 4. 95%。与此形成鲜明对比的是，Q5 组合的阿尔法是显著的负值，为 -2. 65%。

表 2. 1. 4 中的 SKEW，ECVaR 和 MDD 的测量是基于从 1964 年 1 月至 2011 年 12 月的整个期间的月收益率。Q1 和 Q5 的 SKEW 分别为 0. 12 和 -0. 80。Q1 和 Q5 的 ECVaR 分别为 -1. 20% 和 -2. 14%。Q1 和 Q5 的 MDD 分别为 -63. 90% 和 -66. 20%。所有这些结果，都与前面的横截面回归结果一致。它们证实 $r_t - r_{t-1}$具

表 2.1.4　　控制波动率后的 5 个加速增长 $r_t - r_{t-1}$ 投资组合的业绩(1964 年 1 月至 2011 年 12 月)

	Q1(低加速)	Q2	Q3	Q4	Q5(高加速)
算术平均	12.65%	10.04%	8.98%	7.05%	5.29%
几何平均	10.37%	8.17%	7.29%	5.44%	3.77%
标准方差	20.37%	18.52%	17.64%	17.29%	16.91%
夏普比率	0.62	0.54	0.51	0.41	0.31
Alpha	4.95%	2.33%	1.12%	-0.85%	-2.65%
Alpha t-统计	4.95	3.04	1.66	-1.25	-3.63
SKEW	0.12	-0.20	-0.35	-0.43	-0.80
ECVaR	-1.20%	-1.62%	-1.62%	-1.71%	-2.14%
MDD	-63.90%	-60.05%	-60.07%	-62.43%	-66.20%

有预测股票崩溃能力。对于5个投资组合的SKEW和ECVaR，它们的值单调递减。对于MDD，除了Q1，它们的值几乎是单调递减的。其中一个原因是MDD没有像SKEW和ECVaR那样对波动率进行调整。由于Q1的波动率较高，它的MDD往往更负面。

接下来，我们控制其他因素，如动量、市值、和净值市价比等因素，作出类似的分析。控制这些因素后，表现突出的Q1和糟糕的Q5都与表2.1.4相似。因此，经历价格加速增长后的股票在未来业绩较差。

2.1.6 预测市场崩溃

进一步探索加速增长对总体市场的影响具有重要的经济意义。我们用的市场是S&P500指数。S&P500指数的每日回报数据涵盖的日期是从1950年1月至2012年12月。

我们对S&P500指数进行了类似表2.1.3中所示的回归分析，结果显示在表2.1.5中。为了增加统计效果，我们现在使用每月重叠观测。我们对t-统计值进行了序列相关和异方差(Newey和West，1987)调整。

表2.1.5 **价格加速增长 $r_t - r_{t-1}$ 预测股市的崩溃**
(1953年1月至2012年12月)

	intercept	Lagged_t	$r_t - r_{t-1}$	SD_t	$r_t + r_{t-1}$
SKEW_{t+1}	0.17	0.08	-0.57	-16.21	-1.23
	(1.36)	(1.32)	(-3.04)	(-1.44)	(-3.54)
ECVaR_{t+1}	0.000	0.201	-0.002	-0.084	-0.007
	(0.58)	(3.03)	(-1.96)	(-1.17)	(-3.20)
MDD_{t+1}	-0.07	0.03	0.04	-2.55	0.04
	(-4.79)	(0.16)	(1.16)	(-1.18)	(0.72)

表 2.1.5 显示，对数收益率的变化或价格增长率的变化 $r_t - r_{t-1}$ 对 S&P500 未来的 SKEW 的负面影响显著（1% 的水平），对 ECVaR 显著的负面影响为 5% 的水平。对于 MDD，没有独立变量是显著的，而且系数 $r_t - r_{t-1}$ 是正的，这不符合表 2.1.3 所示相应的负号。平均而言，表 2.1.3 中的 t-统计值要比表 2.1.5 的超出许多。一种可能性是，我们的总市场只有一组时间序列数据，这限制了统计力量，而我们的横截面数据包括了几千只股票。

总的来说，价格加速增长导致崩溃的概率增大，这个规律适用于单个股票和总体市场，即使从总体市场得到的证据稍为弱一些。

小　结

经过一系列严格的横截面回归分析，我们展示了在过去的两年左右的价格加速增长，是导致股票崩溃一个强有力的促进因素。我们使用了三种不同的股灾测量方法：偏度、ECVaR 最大跌幅。

过去一年收益率增长最快的股票在未来的业绩最差。它们的年几何回报比收益率增长最低或最负面的股票低了 6% ~7%，而夏普比率也被削减了近一半。

总的来说，这些发现提供了具有经济价值的信息，投资者可以更好地基于过去的价格增长率来预测未来单个股票或总体市场的崩溃概率。

附录　ECVaR（Excess Conditional Value-at-Risk）

我们想找到一个只测量左尾风险的方法。我们的新办法是基于本书第 1.3.1 节讲到的条件风险值（CVaR）。CVaR 衡量的是整个左尾端风险，对于许多投资者来说，它是首选的尾部风险测量方法。

对于本章的大部分研究来说，CVaR 的尾端水平固定在 5%（相当于 95% 的置信水平）。对于一个平均值 μ 和标准偏差为 σ 的正态分布，CVaR 的具有闭合形式的公式（见 Rockafellar 和 Uryasev (2000)）：

$$CVaR_{normal} = (\mu - 2.06^* \sigma) \quad (1)$$

非正态分布的股票的 ECVaR 定义为：

$$ECVaR = CVaR_{stock} - (\mu - 2.06^* \sigma) \quad (2)$$

它是股票的条件风险值 $CVaR_{stock}$ 与假设基金为正态分布的条件风险值 $CVaR_{normal}$ 的差。可以看出，通过减去 $CVaR_{normal}$，ECVaR 控制了基金的波动率。对尾端水平 10% 来说，公式(1)和公式(2)的常数 2.06 应为 1.76。

参考文献

本章主要参考本书作者合著的论文：James Xiong and Roger Ibbotson (2013) Accelerated Stock Price Increases Lead to Poor Performance and Reversals. Working Paper.

Amihud, Yakov and Haim Mendelson (1986) Asset Pricing and the Bid-Ask Spread. *Journal of Financial Economics* 17：223-249.

Bannerjee, A. (1992) A Simple Model of Herd Behavior. *Quarterly Journal of Economics*, Vol. 107：797-818.

Bates, D. (1991) The Crash of '87：Was it Expected? The Evidence from Options Markets. *Journal of Finance* 46：1009-1044.

Bates, D. (1997) Post-'87 Crash Fears in S&P 500 Futures Options. NBER Working Paper 5894.

Blanchard, O. J. and Watson, M. W. (1982) Bubbles, rational expectations, and financial markets. In：Wachtel, P. (Ed.), *Crises in Economic and Financial Structure*. Lexington Books, Lexington, MA：295-315.

Carhart, M. M. (1997) On Persistence in Mutual Fund Performance. *Journal of Finance* 52: 57-82.

Chen, J., Hong, H., and Stein, J. C. (2001) Forecasting Crashes: Trading Volume, Past Returns and Conditional Skewness in Stock Returns. *Journal of Financial Economics* 61: 345-381.

Datar, Vinay T., Narayan Y. Naik, and Robert Radcliffe (1998) Liquidity and asset returns: An alternative test. *Journal of Financial Markets*, 1: 203-219.

Fama, Eugene F. and French, Kenneth R. (1993) Common Risk Factors in the Returns on Stocks and Bonds) *Journal of Financial Economics* 33 (1): 3-56.

Fama, E. F. and MacBeth, J. (1973) Risk, return and equilibrium: empirical tests. *Journal of Political Economy* 81: 607-636.

Jegadeesh, N. and S. Titman (1993) Returns to Buying Winners and Selling Losers: Implications for Stock Market Efficiency. *Journal of Finance*, 48: 65-91.

Kindleberger, Charles (1978) *Manias, Panics, and Crashes: A History of Financial Crises*, John Wiley & Sons, New York.

Litzenberger, R., Ramaswamy, K. (1979) The Effect of Personal Taxes and Dividends on Capital Asset Prices: Theory and Empirical Evidence. *Journal of Financial Economics*: 163-196.

Newey, W. and West, K. (1987) A Simple Positive Semi-Definite, Heteroskedasticity and Autocorrelation Consistent Covariance Matrix, *Econometrica* 55: 703-708.

Orléan, A. (1995) Bayesian interactions and collective dynamics of opinion. *Journal of Economic Behavior and Organisation* 28: 257-274.

Rockafellar, R. Tyrrell and Stanislav Uryasev (2000) Optimization of Conditional Value-At-Risk. *The Journal of Risk*, vol. 2, No. 3: 21-41.

Shiller R. J. (1989) *Market Volatility*, MIT Press, Cambridge, Mass.

Shiller R. J. (2005) *Irrational Exuberance* (Second Edition), Princeton

University Press.

Taipalus, Katja(2012) Signaling Asset Price Bubbles with Time-Series Methods.

Bank of Finland Research Discussion Papers, Financial Markets and Statistics Department. Electronic copy available at: http://ssrn.com/abstract=1998236.

Topol, R. (1991) Bubbles and Volatility of Stock Prices: Effect of Mimetic Contagion. *Economic Journal*, vol. 101: 786-800.

Watanabe, Kota, Hideki Takayasu, and Misako Takayasu (2007) A mathematical definition of the financial bubbles and crashes. *Physica A*, Volume 383, Issue 1: 120-124.

Zhou, Guofu and Yingzi Zhu (2010) Is the Recent Financial Crisis Really a "Once-in-a-Century" Event? *Financial Analysts Journal*, January/February, Vol. 66, No. 1: 24-27.

2.2 投资者情绪指数

股市的历史充满了很多引人注目的泡沫事件。这些事件反映在股票价格上的变化似乎无法用标准的金融模型来解释。标准的金融模型假设不带情绪的理性投资者总能使资本市场合理价格等于预期未来现金流的现值。这些模型在解释这些泡沫事件时有相当大的难度。因此，行为金融学的研究人员一直在努力扩展标准模型，行为金融模型建立在两个基本假设上。

第一个假设是投资者都受到情绪的影响，它建立在 Delong, Shleifer, Summers 和 Waldmann（1990）的基础上。投资者情绪（investor's sentiment）的广义的定义是未来现金流和投资风险无法从现有的事实中得到解释（Baker 和 Wurgler, 2007）。Shleifer 和 Vishny(1997)所强调的第二个假设是对非理性投资者投注是有风险的。因此，理性的投资者，他们通常被称为套利者，不会积极地迫使价格回到标准模型建议的基本面。用现代行为金融学的语言来说，这也称为套利受限。近期的互联网泡沫以及随之而来的纳斯达克和电信崩溃提供了很好的例子，从而验证了行为金融学的两个前提。20 世纪 90 年代中后期，投资者非凡的高涨情绪将科技股的价格推动到难以置信的水平。这期间随着价格一浪高过一浪，逆势套利不但没有成功，而且很多这样的套利者被迫歇业。

卖空受限使定价过高在一段时间内难以消除，因此，股票的价格可能反映投资者过于乐观的看法。投资者情绪高涨时，许多个股的定价可能过高。Stambaugh，Yu 和 Yuan（2010）对股市中有名的 11 个异常买卖策略(long-short)受投资者情绪的影响的研究表明，这些异常买卖策略在投资者情绪高涨后获利更高。

Baker 和 Wurgler(2007)利用 6 个反映投资者情绪的指标构建了一个投资者情绪指数：(1)纽约交易所交易量；(2)股息溢价；(3)封闭式基金折价率；(4)新上市股票的数量；(5)新上市股首日回报；(6)新发行的股票份额。所有这些数据都可以在 http://www.stern.nyu.edu/~jwurgler 下载。

图 2.2.1 显示了 Baker 和 Wurgler(2007)构建的投资者情绪指数。该指数基本上成功地捕捉了这段时期内发生的泡沫事件，正如这些论文所描写的：Brown（1991），Dreman（1979），Graham（1973），Malkiel（1999），Shiller（2000）和 Siegel（1998）。图 2.2.1 中第一个主要的泡沫在 1967 年和 1968 年左右。Brown

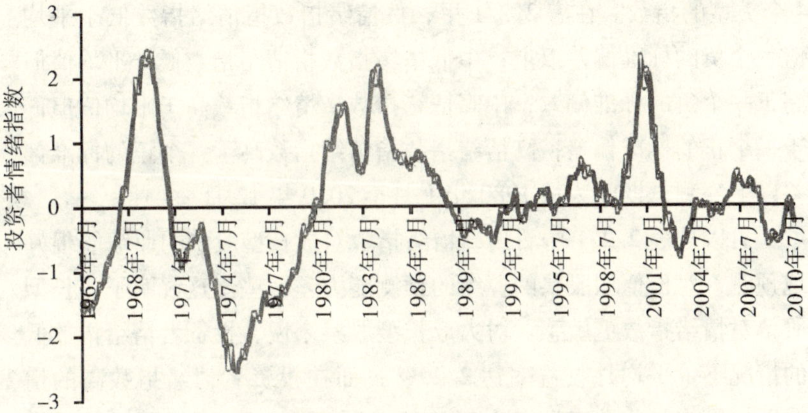

图 2.2.1　Baker 和 Wurgler(2007)构建的投资者情绪指数

(1991，第 90 页)写道：“特许经营商、电脑公司、移动房屋制造商似乎承诺一夕致富…… 质量几乎被人遗忘。”可是好景不长，20 世纪 70 年代初，它们都不约而同地进入熊市。

20 世纪 70 年代中期至 20 世纪 80 年代后期经历了一段高情绪。这期间经历了一系列投机性事件，包括那些在 1977 年和 1978 年涉及的赌博问题；开始于 1980 年的自然资源开发；1983 年上半年高科技和生物技术的繁荣。这些都明显体现在图 2. 2. 1 的情绪指数中。到了 1987 年和 1988 年，Malkiel(1999 年，第 80 页)写道，“市场情绪发生了变化……变到更喜欢低市盈率和支付股息的股票”。

20 世纪 90 年代末的科技股泡沫为许多读者所熟悉。泡沫在 2000 年破灭。Malkiel(1999)将之与在 20 世纪 60 年代、70 年代和 80 年代的泡沫相比。Shiller(2000)将之与 20 世纪 20 年代后期比较。在情绪指数高涨的 1999 年，股息溢价及首次公开招股的首日回报当年创下历史最高水平。

我们对不同情绪指数下不同股票类型的业绩表现感兴趣，因为它可能帮助投资者增加收益。表 2. 2. 1 显示了不同情绪指数下不同股票类型的业绩。我们将美国股票分为四个类型：大的成长型；大的价值型；小的成长型；和小的价值型。它们分别对应 RUSSELL 4 个类型的指数。在表 2. 2. 1 里，低情绪指数指情绪指数低于平均值一个负的标准偏差以上；中低情绪指数指情绪指数低于平均值但高于一个负的标准偏差；中高情绪指数指情绪指数高于平均值但低于一个正的标准偏差；高情绪指数指情绪指数高于一个正的标准偏差以上。测试期间为从 1980 年 1 月至 2010 年 12 月。

可以从表 2. 2. 1 中看出，情绪指数对成长型股票的业绩能很好地预测，对价值型股票的业绩的预测能力差一些。这说明了成长型股票对情绪指数更敏感。对大成长型股票来说，投资者情绪指数低的情况下，平均月收益率达 2. 29%；而在投资者情绪指数高的情况下，平均月收益率只有 0. 11%。

表 2.2.1　不同投资者情绪指数下不同类型股票的平均月收益率表现

	低情绪指数	中低情绪指数	中高情绪指数	高情绪指数
大的成长型	2.29%	1.03%	0.88%	0.11%
大的价值型	1.85%	0.90%	0.87%	1.26%
小的成长型	2.72%	1.02%	0.17%	0.38%
小的价值型	2.13%	0.86%	0.83%	1.93%

小　结

行为金融模型的两个基本假设之一是投资者都受到情绪的影响。我们用 Baker 和 Wurgler(2007)构建的投资者情绪指数举例说明了该指数对成长型股票的业绩有很好的预测能力，也就是说，投资者投资成长型股票时应避开情绪指数高涨时期。

参考文献

Baker, Malcolm, and Jeffrey Wurgler(2007) Investor Sentiment in the Stock Market. *Journal of Economic Perspectives*, Volume 21, Number 2: 129-151.

Brown, John Dennis(1991) 101 *Years on Wall Street*. Prentice Hall.

Dreman, David (1979) *Contrarian Investment Strategy*. Dreman Contrarian Group.

DeLong, J. Bradford, Andrei Shleifer, Lawrence H. Summers, and Robert J. Waldmann (1990) Noise Trader Risk in Financial Markets. *Journal of Political Economy*, 98(4): 703-738.

Graham, Benjamin (1973) *The Intelligent Investor*. 4th ed. Harper & Row.

Malkiel, Burton (1999) *A Random Walk Down Wall Street*. W. W. Norton.

Shiller, Robert J. (2000) *Irrational Exuberance*. Princeton University Press.

Shleifer, Andrei, and Robert Vishny (1997) The Limits of Arbitrage. *Journal of Finance*, 52(1): 35-55.

Siegel, Jeremy (1998) *Stocks for the Long Run*. New York: McGraw-Hill.

2.3 状态转换模型

状态转换模型(Regime Switching model)在经济学中的应用很普遍。经济状况经常经历两种状态：一种是较为稳定的，低波动的经济增长状态；另一种是恐慌的，高波动的经济收缩状态。这种状态转换也被发现存在于股票市场(Chow, Jacquier, Kritzman 和 Lowry (1999), Kritzman, Lowry 和 Van Royen (2001))、通货膨胀(Kim (1993), Kumar 和 Okimoto (2007))及国内生产总值或国民生产总值(Hamilton(1989), Goodwin(1993), Luginbuhl 和 de Vos(1999), Lam(2004))。

状态转换给投资者带来很大挑战，因为这些转换导致投资的收益显著背离所期望的长期平均值。但是，理解这些状态转换也能给投资者带来机会。(Kritzman, Page 和 Turkington, 2012)展示如何应用 Markov 转换模型来预测市场和经济的动荡。他们测试了一个简单的投资策略，即使用 Markov 转换模型来预测一些特定的风险溢价，他们发现这些预测具有经济意义。

Ang 和 Bekaert(2002)表明，状态转换与下行市场的高相关性(即第 1.6 章说的不对称相关性)有关联。事实上，以前的研究也已经表明不同国家的股市在下跌的动荡市场中，并没有提供多元化的分散风险带来的好处(如 Ferreira 和 Gama(2004)；Ang 和 Chen (2002))。

基于对各个股市系统风险的分析，Ang 和 Bekaert(2004)利用状态转换模型对各个股市进行分配。他们发现，使用两种状态的Markov转换模型来估计收益率和协方差矩阵能显著地改善风险调整后的股票投资组合。Harvey和Dalquist(2001)建议，如果经济情况是持续的且与资产的业绩表现相关，那么动态的资产配置应有益，因为投资者可以利用状态转换模型避开动荡时期。

2.3.1　Markov 转换过程

Laverty，Miket 和 Kelly（2002）通过模拟对 Markov 过程提供了一个简单的说明。假设状态(i)在最初的概率为：

$$\Pr(X_1 = i) = p_i$$

其中 X_1是 Markov 链中的第一个状态。转换概率矩阵为 T，它的元素(ij)表示从状态(i)过渡到状态(j)的概率：

$$T = \begin{pmatrix} \gamma_{11} & \gamma_{12} \\ \gamma_{21} & \gamma_{22} \end{pmatrix}$$

$$\gamma_{ij} = \Pr(X_t = j \mid X_{t-1} = i)$$

其中 t 表示时间。随着时间的推移 Markov 链要么在状态1，要么在状态2。在每个状态下，我们考虑的观察变量的分布可以是连续的，也可以是离散的。

2.3.2　实例分析

状态转换模型在金融时间序列分析中有广泛的应用。在这一章里，我们感兴趣的是预测收益率在两种状态下的概率。我们假设它的每一种状态都是正态分布的：

在平稳状态 1，平均值为μ_1，标准偏差为 σ_1；

在动荡状态 2，平均值为μ_2，标准偏差为 σ_2

下面我们用状态转换模型来分析 4 个股市指数，它们是 S&P500 指数（1980 年 1 月至 2013 年 6 月），MSCI 非美发达市场（EAFE）指数（1980 年 1 月至 2013 年 6 月），MSCI 新兴市场（Emerging Market）指数（1988 年 1 月至 2013 年 6 月）和上证指数

(SSE Composite Index)(1995 年 1 月至 2013 年 6 月)。它们分别显示在图 2. 3. 1 至图 2. 3. 4 中。例如，图 2. 3. 1 显示了 S&P 500 指数除了在 1992 年至 1996 年，以及 2004 年至 2007 年为平稳状态外，其他时期都基本在动荡状态。图 2. 3. 4 显示了上证指数在 1995 年至 1997 年、1999 年 5 月以及 2006 年至 2009 年为动荡状态外，其他时期都基本在平稳状态。非美发达市场和新兴市场在两种状态之间的转换则较为频繁。

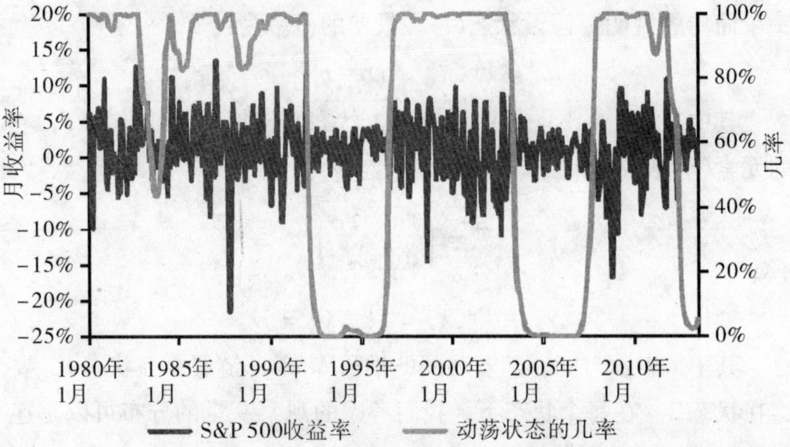

图 2. 3. 1　状态转换模型对 S&P 500 总收益率的分析

表 2. 3. 1 显示了图 2. 3. 1 至图 2. 3. 4 中所示的 4 个股市的状态转换模型的参数。第三、第四列分别对应平稳状态的均值和标准偏差，第五、第六列分别对应动荡状态的均值和标准偏差。第七列对应平稳状态持续的概率，最后一列对应动荡状态持续的概率。对前三个指数而言，即 S&P500 指数、MSCI EAFE 指数和 MSCI Emerging Market (新兴市场)指数，它们在平稳状态的平均收益率都比动荡状态的平均收益率高，这符合很多基于经验数据的观察。但有趣的是，上证指数的结果与前三个指数相反，即在平稳状态的平均收益率比动荡状态的平均收益率低。主要原因是上证指数在几

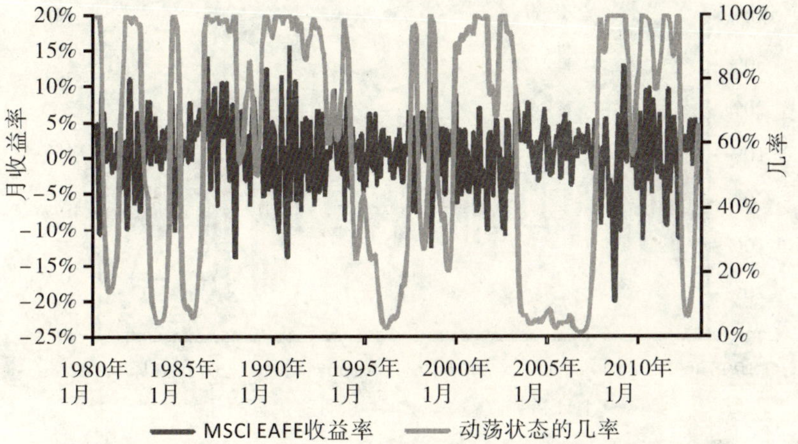

图 2.3.2　状态转换模型对 MSCI EAFE 总收益率的分析

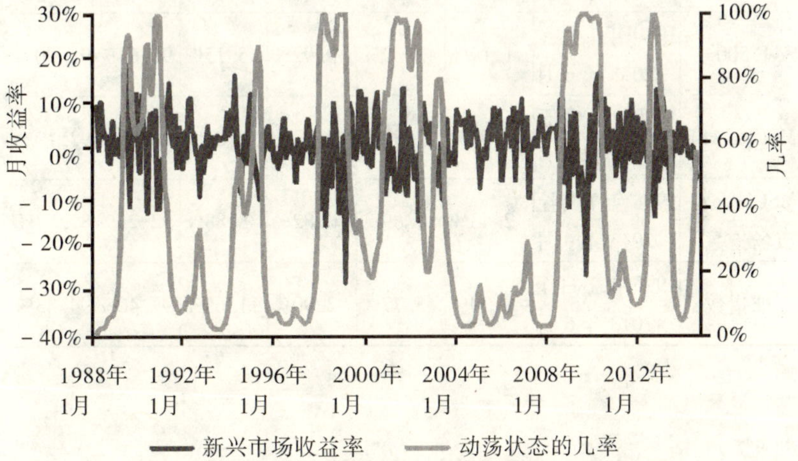

图 2.3.3　状态转换模型对新兴市场总收益率的分析

个高速增长期间(如 1995 年 1 月到 1997 年 1 月，和 2006 年 4 月到 2007 年 9 月)波动性也很大。

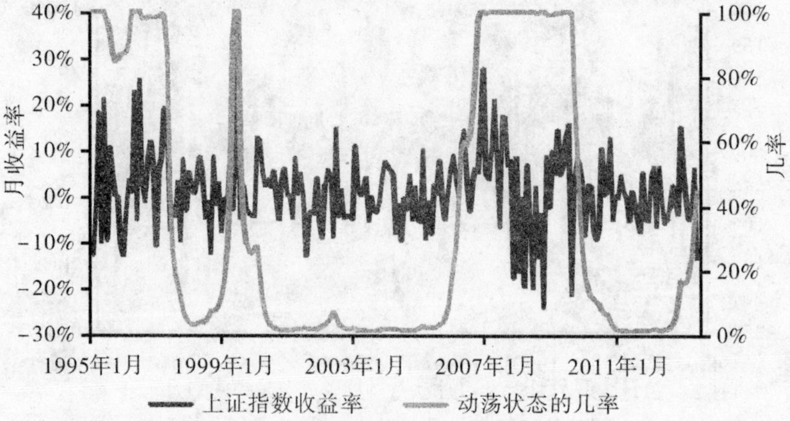

图 2.3.4　状态转换模型对上证指数总收益率的分析

表 2.3.1　　**4 个股市的状态转换模型的参数**

	时间段	μ_1	σ_1	μ_2	σ_2	γ_{11}	γ_{22}
S&P 500	1980 年 1 月至 2013 年 6 月	1.19%	2.32%	0.92%	5.15%	96.64%	98.00%
MSCI EAFE	1980 年 1 月至 2013 年 6 月	1.82%	2.98%	0.27%	6.07%	90.20%	93.19%
MSCI 新兴市场指数	1988 年 1 月至 2013 年 6 月	2.43%	4.89%	-0.82%	8.88%	92.24%	87.87%
上证指数	1995 年 1 月至 2013 年 6 月	-0.29%	5.77%	2.90%	11.65%	97.40%	94.53%

小　结

大量研究表明预测状态转换能给投资者带来机会。一般而言，平稳状态的平均收益率比动荡状态的平均收益率高，因此投资者可以根据状态转换模型的预测作出动态的资产配置，在市场波动率高时避开股市。

参考文献

Ang, Andrew, and Geert Bekaert (2002) International Asset Allocation with Regime Shifts. *Review of Financial Studies*, Vol. 15, No. 4 (July): 1137-1187.

Ang, Andrew, and Geert Bekaert (2004) How Regimes Affect Asset Allocation. *Financial Analysts Journal*, Vol. 60, No. 2 (March/April): 86-99.

Ang, Andrew, and Joseph Chen (2002) Asymmetric Correlations of Equity Portfolios. *Journal of Financial Economics*, Vol. 63, No. 3 (March): 443-494.

Chow, George, Eric Jacquier, Mark Kritzman, and Kenneth Lowry (1999) Optimal Portfolios in Good Times and Bad. *Financial Analysts Journal*, Vol. 55, No. 3 (May/June): 65-73.

Ferreira, Miguel A., and Paulo M. Gama (2004) Correlation Dynamics of Global Industry Portfolios. Working Paper, ISCTE Business School, Lisbon.

Goodwin, Thomas H. (1993) Business-Cycle Analysis with a Markov-Switching Model. *Journal of Business & Economic Statistics*, Vol. 11, No. 3 (July): 331-339.

Hamilton, James D. (1989) A New Approach to the Economic Analysis of Nonstationary Time Series and the Business Cycle. *Econometrica*, Vol. 57, No. 2 (March): 357-384.

Harvey, Campbell R., and Magnus Dahlquist (2001) Global Tactical Asset Allocation. *Journal of Global Capital Markets* (Spring).

Kim, Chang-Jin (1993) Unobserved-Component Time Series Models with Markov-Switching Heteroscedasticity. *Journal of Business & Economic Statistics*, Vol. 11, No. 3 (July): 341-349.

Kritzman, Mark, Kenneth Lowry, and Anne-Sophie Van Royen

(2001) Risk, Regimes, and Overconfidence. *Journal of Derivatives*, Vol. 8, No. 3 (Spring): 32-42.

Kritzman, Mark, Sébastien Page and David Turkington (2012) Regime Shifts: Implications for Dynamic Strategies. *Financial Analysts Journal*, Vol. 68, No. 3: 22-39.

Kumar, Manmohan S., and Tatsuyoshi Okimoto (2007) Dynamics of Persistence in International Inflation Rates. *Journal of Money, Credit and Banking*, Vol. 39, No. 6 (September): 1457-1479.

Lam, Pok-sang (2004) A Markov-Switching Model of GNP Growth with Duration Dependence. *International Economic Review*, Vol. 45, No. 1 (February): 175-204.

Laverty, W. H., M. J. Miket, and I. W. Kelly (2002) Simulation of Hidden Markov Models with Excel. *Journal of the Royal Statistical Society: Series* D (The Statistician), Vol. 51, No. 1 (March): 31-40.

Luginbuhl, Rob, and Aart de Vos (1999) Bayesian Analysis of an Unobserved-Component Time Series Model of GDP with Markov-Switching and Time-Varying Growths. *Journal of Business & Economic Statistics*, Vol. 17, No. 4 (October): 456-465.

2.4 对数周期性幂律模型

在20世纪90年代，Sornette，Johansen和Bouchaud（1996）以及Feigenbaum和Freund（1996）分别独立发现了股价在崩盘前明显符合对数周期性幂律（Log-Periodic Power Law model，简称LPPL）。该模型在早些时候曾被用于描述在1995年日本神户大地震的前兆（Johansen，等，1996）。

这个模型的基本假设是金融崩溃的临界表现是服从离散标度不变性对称的宏观示例。市场可以被看作是个复杂系统，当它局部的扰动叠加到一定程度或者系统各部分变得高度相关时就会进入临界状态（就像一些交易员所说的，当市场下跌时，所有相关性都上升）。有关这个模型的更多解释，读者可以参考地球物理学家

Didier Sornette 2003 年著的书“*Why Stock Markets Crash*”。

大量市场参与者可以通过相互模仿而出现羊群效应。投资者的羊群效应会导致金融价格大幅度偏离它们的基本面价格。正反馈作用会导致价格超指数增长(Sornette 2003)。非线性的正反馈(例如从技术分析而来)和负反馈(例如从基本面投资者而来)之间的竞争会导致非线性振荡。这种对数周期性幂律模型的结果是价格呈对数周期性地加速到崩溃点(数学公式见附录)。

和其他模型一样,学者对对数周期性幂率模型还有争议,在这里我们不准备深入讨论这个话题。对数周期性幂率模型能预测和解释历史上很多市场崩溃,但它不能解释所有市场崩溃,对有些解释在统计上还缺乏力度。另外模型的参数拟合对最近的股价数据点有时会很敏感,股价的涨落会给预测的崩溃时间带来很大涨落。

然而,我们可以把这个模型的分析与其他分析有机结合起来,大多数历史上重大的市场崩盘都能被这个模型合理地定量解释。比如 1929 年股灾、1987 年股灾、2000 年互联网泡沫破灭、2007 年中国股市崩盘以及超过 20 个新兴市场的崩盘。所有这些市场在崩溃之前都显示出类似的对数周期性幂率。

历史提供了很多不切实际的加速增长所催生的泡沫最后破灭的案例。这节我们用 LPPL 模型来分析 6 个泡沫崩溃的例子。它们是 1929 年美国大萧条、1987 年股灾、1998 年香港恒生指数崩溃、2000 年的美国互联网泡沫、2007 年的中国股市泡沫和 2012 年的国画 400 指数泡沫破灭。这 6 个市场崩溃的 LPPL 模型的参数列在本章最后的附录里。

2.4.1 1929 年 S&P 500 指数崩溃

在 1.1 章里我们提到了 1929 年美国的大萧条。那场 1929 年 10 月发生的股灾对市场的破坏力大得惊人,人们谈股色变,宁愿把资金投向利息只有 2.5% 的债券,也不愿买股息高达 7% 的股票。这次股灾对美国投资者信心的打击,用了 20 多年才得以恢复。图 2.4.1 显示了 1929 年 S&P 500 指数的崩溃可以很好地由 LPPL 模型(实线)来解释,意味着 20 世纪 20 年代被称为的“新时代”很可能是一个不能持续的加速增长的市场。

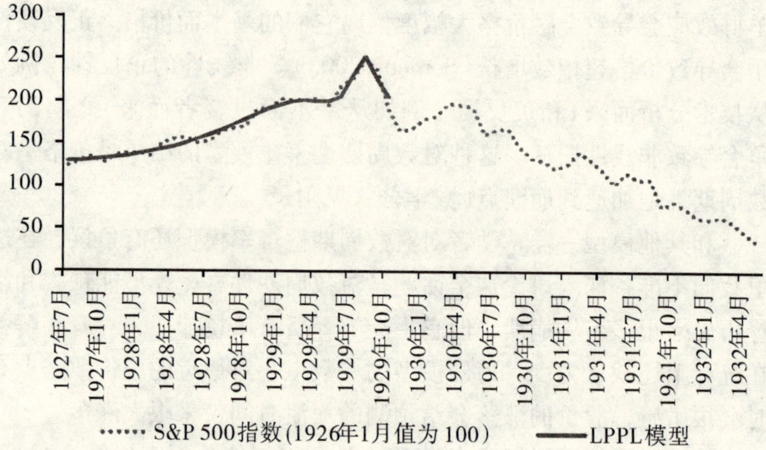

图2.4.1　1929 年 10 月 S&P 500 指数的崩溃

2.4.2　1987 年 S&P 500 指数崩溃

我们在第 1.1 章里提到 1987 年的股灾后很多人提出不同的理论，股灾成因包括：程式交易、股价过高、市场上流动资金不足和羊群心理等。没有明显的证据表明谁是主要原因。图 2.4.2 显示

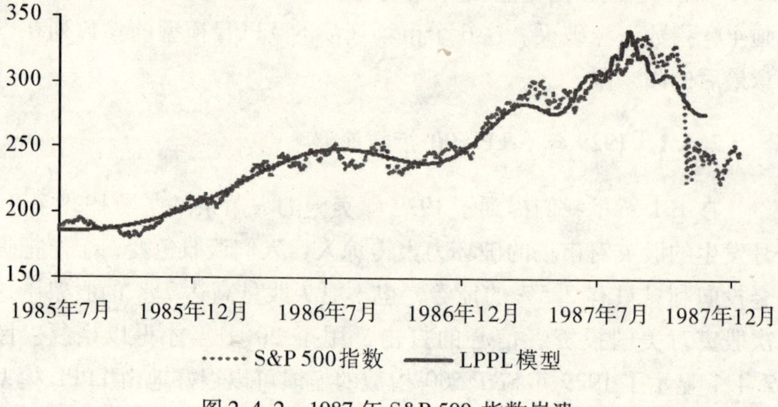

图2.4.2　1987 年 S&P 500 指数崩溃

1987 年的股市崩溃能很好地被 LPPL 模型解释，它意味着触发崩溃的外因可能有很多，但加速增长已经导致市场本身不稳定则可能是主要原因。

2.4.3 1997 年香港恒生指数崩溃

香港恒生指数在 1997 年 8 月 11 日达到 16 461 点，随后跌到 1997 年 10 月 17 日的 13 601 点。在 1997 年 10 月 28 日，恒生指数突然跌到 9 060 点，至此它的累计跌幅已达 45%。图 2.4.3 显示 1997 年的恒生指数崩溃能很好地被 LPPL 模型解释。

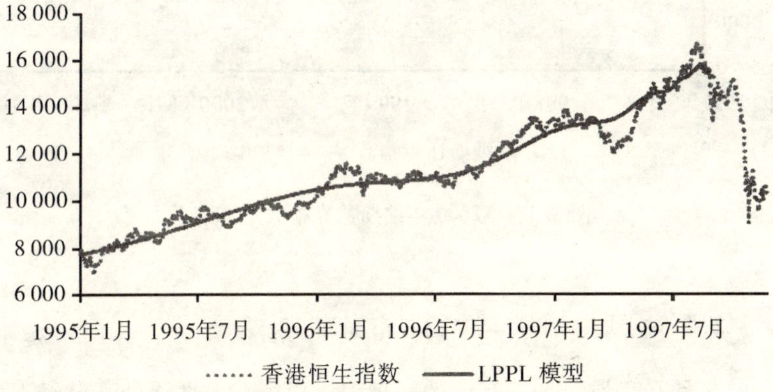

图 2.4.3 1997 年香港恒生指数崩溃

2.4.4 2000 年纳斯达克指数崩溃

纳指（即纳斯达克指数，下同）成分股主要包括科技股，例如互联网、电子商务、软件、计算机硬件和通信公司等。当纳指达到 5 133 点的历史最高位时，许多科技股市盈率达到 4 位数。举例来说，2000 年 3 月的晨星选股™ 中的思迁国际（SeaChange Intl，SEAC）市盈率 3 765，趋势科技（Trend Micro ADR，TMIC）市盈率 4 350，而博科通信（Brocade Communications Systems，BRCD）市盈率更是高达 6 185。投资者毫不怀疑地期望从这些股票获得高额未来收益，却完全忽略了当时的经济基本面。

图 2.4.4 显示纳斯达克指数泡沫的破灭。虚线代表调整后指数，实线代表 LPPL 模型曲线。可以看到 LPPL 模型精准地解释了纳斯达克指数的崩盘。

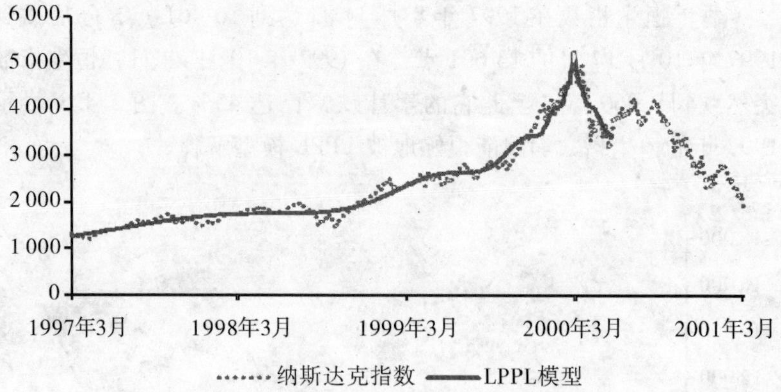

图 2.4.4　2000 年纳斯达克指数泡沫破灭

2.4.5　预测 2007 年中国股市崩溃

贪婪和恐惧，加上其他的心理因素根植在人性深处，已经不大可能改变。所以，它们通常所导致的正反馈作用和羊群效应也会一直存在于市场之中。在不久之前，我们见证了 2007 年中国股市的崩盘。

以上海证券交易所（简称上交所）综合指数来代表中国股票市场，在中国市场的主要参与者是个人投资者而不是像发达国家中呈现机构—个人投资两极化。2005 年到 2007 年上百万新散户涌进火爆的中国股市意味着强烈的羊群效应。股市泡沫最终破灭于 2007 年 10 月。一年后，上证指数下跌近 70%，沦为另一个典型的羊群效应导致新兴市场崩盘的案例。

图 2.4.5 显示了使用 LPPL 模型预测上证综合指数崩溃的情况。虚线代表实际股指，实线是基于 LPPL 模型计算的曲线。预测

是在作者2007年9月25日做出的，预测股市崩盘发生在2007年9月5日。42天以后，10月17日真正的股灾发生了。我们可以看到，在崩盘之前的时间序列曲线非常吻合LPPL模型。

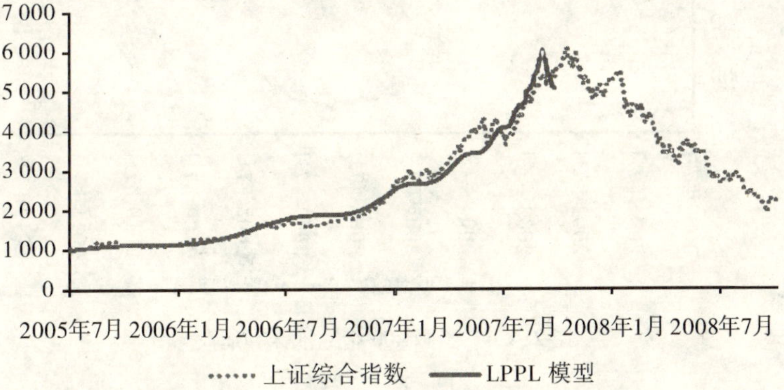

图 2.4.5　2007 年上证综合指数泡沫的破灭

2.4.6　预测中国国画 400 指数泡沫破灭

最近几年来艺术品投资非常火爆，媒体推出的各式各样的寻宝鉴宝栏目更把古玩收集和交易变成街头巷尾的话题，很多人相信他们能在高买高卖中获利。由于有大量的投机商的存在，艺术品投资者的羊群效应和正反馈作用可能就是高增长的成因。

不幸的是，我们预测国画400指数正进入临界状态，高增长难以维系。图2.6.6的实线是用对数周期性幂律模型计算出来的曲线。2012年5月我们第一次建模时，能找到的最新数据是截至2011年12月的数据。当时的指数在前两个季度里小跌5.4%。模型预测了接下来的几个季度里指数会大幅度下跌。到了2012年10月底，我们拿到了更新后的数据。果然，数据显示在过去的12个月里，国画400指数大跌50%。国画投资者血本一半无归。LPPL模型精准地预测了国画市场的崩溃。

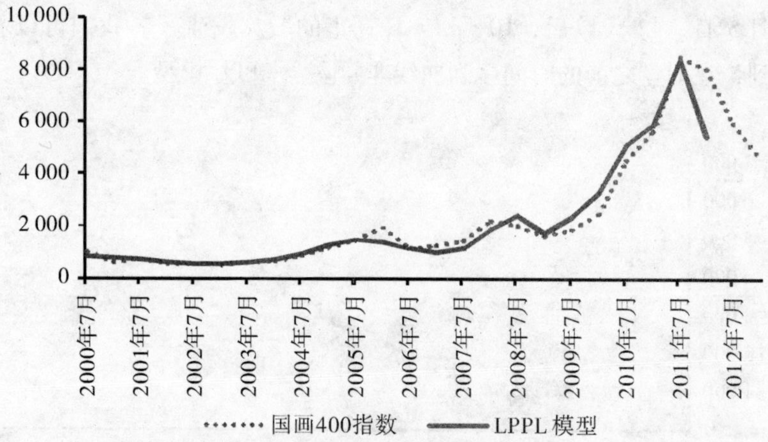

图 2.4.6 国画 400 指数泡沫和崩溃

小 结

我们展现的 6 个市场崩溃实例中，崩溃之前都符合对数周期性幂律。它表明所有 6 个市场崩溃的原因可能都是一致的。正反馈作用和羊群效应能够导致市场失衡并最终走向崩溃。当股票价格呈现超指数上涨时，高额的回报率也伴随着崩盘的高风险率。

附录 对数周期性幂律量化公式

对数周期性幂律可以被量化为（见 Sornette 2003）：

$$\ln[p(t)] = A - B\tau^{m} + C\tau^{m}\cos[\omega\ln(\tau) - \phi] \quad (2.4.1)$$

$p(t)$ 是价格，ω 是对数角频率，$B > 0$ 以及 $0 < m < 1$ 是加速因子，ϕ 是决定时间单位的任意相位，$\tau = t_c - t$ 是离泡沫粉碎临界点的时间间距。等式（2.4.1）的几何描述是对数价格向临界点按对数周期振荡逼近。

我们使用 Levenberg-Marquardt 算法预测了 6 个崩溃（图 2.4.1

到图 2.4.6)，使用的拟合参数见表 2.4.1。

表 2.4.1 **6 个市场崩溃的拟合参数**

指数	t_c	m	ω	ϕ	A	B	C
S&P 500 指数	1929 年 8 月	0.43	2.77	-4.82	5.57	0.45	-0.08
S&P 500 指数	1987 年 8 月	0.50	6.19	-5.46	5.85	0.38	0.06
香港恒生指数	1997 年 8 月	0.76	6.08	-0.12	9.67	0.32	-0.03
纳斯达克指数	2000 年 3 月	0.45	6.45	5.26	8.61	0.88	0.06
上证综合指数	2007 年 9 月	0.64	10.90	4.91	2.17	0.15	-0.01
国画 400 指数	2011 年 6 月	0.18	9.19	6.70	11.54	3.35	-0.25

参考文献

本章主要参考本书作者合著的章节：熊笑忠，张仲峪. 中国国画 400 指数的崩盘和泡沫的根源探讨. 文化创新蓝皮书. 北京：社会科学文献出版，2013.

Feigenbaum, J. and P. G. O. Freund (1996) Discrete Scale Invariance in Stock Markets Before Crashes. *International Journal of Modern Physics* B 10: 3737-3745.

Johansen, A., D. Sornette, H. Wakita, U. Tsunogai, W. I. Newman, H. Saleur, (1996) *J. Phys. I.* (France) 6: 1 391.

Sornette, D., A. Johansen, and J. Bouchaud (1996) Stock Market Crashes, Precursors and Replicas. *J. Phys. I.* (France) 6: 167-175.

Sornette, Didier (2003) *Why Stock Markets Crash.* Princeton University Press.

第三部分　资产和市场的尾端风险管理

在本书的最后一部分我们讨论尾端风险的管理。第一章介绍均值—尾端损失最小优化(mean-conditional value-at-risk optimization，简称 M-CVaR)，它是对均值—方差优化的改进。均值—方差优化在优化资产配置过程只依赖于回报分布前两个矩：均值和方差。它完全忽略尾端风险的信息，而均值—尾端损失最小优化则重点考虑尾端风险。当然，均值—尾端损失最小优化也依赖输入的预期资产分布的准确程度，包括尾端风险。需要提到的是，预期资产分布预测的不好，均值—尾端损失最小优化也无助于减少尾端风险，即所谓的“垃圾进，垃圾出”。我们可以用上一部分介绍的一些方法来对资产的尾端风险进行预测。

第二章讨论波动率和尾端风险的风险溢价。本书迄今为止我们都在把尾端风险视为规避的对象，因为它让投资者面临巨大的损失。本章我们要问的问题是：已经发生了的尾端风险对资产和市场的前景影响如何？我们知道在市场崩溃时，投资者日渐恐惧，资产被廉价地甩卖。换句话说，经历了尾端风险以后的资产值不值得买？它有没有溢价？

第三章简述如何应用期权等衍生工具来规避尾端风险。随着衍生工具的快速发展，越来越多的衍生产品被开发用来规避尾端风险。在这一章，我们讨论几种常见的期权或期货策略，如基于 S&P 500 指数看涨期权和看跌期权的上下限期权、VIX 期货、VIX 看涨期权等。

第四章讨论如何动态地规避市场风险。动态资产配置是指基于市场的情况，动态地调整投资者长期的战略资产配置。它的目的是尽可能地利用所有相关的市场信息让投资收益超出基准，同时降低风险，包括尾端风险。在这一章，我们用与股票市场密切相关的两个量来动态地调整资产配置：市场波动率和市场流动性。我们把重点放在市场流动性，因为它能提供更多的信息。这一章的信息也可以给第三章的主动管理 VIX 期货和 VIX 看涨期权提供帮助。

最后一章介绍新型保险产品的规避风险功能。这些新型保险产品对中国的保险业开发新产品有借鉴意义。许多退休人员面临着两个风险，它们威胁到他们能否顺利退休：

1. 长寿风险——活的太长，积蓄面临用光的风险；

2. 投资风险——风险投资的表现不好，会降低投资者的投资组合的价值。

将要退休的投资者对控制这些风险的工具应该是特别感兴趣。保险产品里大量的创新都围绕着帮助今天的退休人员减轻这些风险，并建立一个更安全的退休计划。

3.1 左尾损失最小化

均值—方差优化(mean-variance optimization，MVO)框架早在1952年由 Harry Markowitz 提出。MVO 优化的结果是有效边界(efficient frontier)。有效边界上面的每一点都代表一个最佳投资组合，也就是在给定任意一个预期回报的条件下风险最低的投资组合。

我们已知资产类别回报分布不是正态分布，然而，已经主导了超过 50 年的经典的 Markowitz 均值—方差优化框架在优化资产配置过程只依赖于回报分布前两个矩：均值和方差。同样重要的是，有相当多的证据表明，投资者的偏好超越均值和方差，也就是高阶矩，即偏度和峰度。投资者特别关注重大的损失，即尾端风险。我们将会展示尾端风险与偏度和峰度相关。

一些学术论文显示了高阶矩在资产配置上的重要性。例如，Patton(2004)认为对偏度和不对称的相关性(在下行市场中的相关性较高)的认识会增加收益，在可以做空的情况下会更好。Harvey，Liechty，Liechty 和 Müller (2009) 也认为高阶矩对投资组合选择重要。

本章主要基于本书作者合著的论文：Xiong 和 Idzorek(2011)。我们来探讨一个适用于非正态收益率分布的投资组合优化工具：均值—尾端损失最小优化(mean-conditional value-at-risk optimization，简称 M-CVaR)。我们先模拟一个多元的非正态回报分布，然后解释为什么在最小化尾端风险时 M-CVaR 优于 MVO。

3.1.1 模拟非正态分布

根据经验，几乎所有的资产类别和投资组合回报都不是正态分布。许多资产的回报分布也不是对称的。此外，大多数资产的回报分布比正态分布峰更尖，尾更厚。下面我们会看到正态分布有可能严重低估尾端事件的概率。

1963 年，Mandelbrot 曾利用 Lévy stable 分布来描述棉花的价格。前面谈到 Lévy stable 分布模型可以解释偏度、厚尾和时间缩放性能。不幸的是，Lévy stable 分布的方差为无穷大，这是违反经验观察的。无限大方差会让风险估计的任务复杂化。

一个解决 Lévy stable 分布的无限大方差的方法是截断 Lévy stable 分布的极端尾巴从而形成截断 Lévy 分布(truncated Lévy flight，TLF)分布(见 Mantegna 和 Stanley (2000))。TLF 分布特别适合金融建模，因为它的 4 个矩都有限，用它描述经验数据非常合适。另外它在小的时间间隔内近似地呈现 Lévy stable 分布，而在非常长的时间间隔内慢慢地收敛到高斯分布，这两者都与经验观察相一致。

Xiong(2010)显示，TLF 模型极好地模拟一些资产类别的收益率分布，包括均值、不对称性(偏度)和尾部的厚度(峰度)以及最小收益率和最大收益率。多元的 TLF 的模型可以控制诸多参数如均值、方差、偏度和峰度，它不仅可以模拟资产类别的回报，也让我们了解偏度和厚尾是如何影响资产配置的。因此，在本章我们使用多变量的 TLF 模型作为基础来模拟多个资产类别的收益率。

3.1.2 条件风险值

在最基本的情况下，如果假定回报是正态分布的，VaR 和

CVaR 的估算只需用回报分布的前两个矩（见 Rockafell 和 Uryasev (2000)）.

$$\mathrm{VaR}_P = \mu_P - 1.65 \cdot \sigma_P \tag{3.1.1}$$

$$\mathrm{CVaR}_P = \mu_P - 2.06 \cdot \sigma_P \tag{3.1.2}$$

μ_P, σ_P 分别为投资组合的均值和标准方差。VaR 与 CVaR 的概率水平在本章中被固定为 5%（对应于 95% 的置信水平）。例如，考虑一个组合，它的均值和标准方差分别为 $\mu_P = 10\%$，$\sigma_P = 20\%$，根据上面两个方程可以计算出组合的 VaR 和 CVaR 分别为 -23.0%，-31.2%。对投资者来说，这个 -31.2% 就是投资组合的平均尾端亏损。

引入投资组合的收益分布的偏度和峰度（或不对称）后 CVaR 的计算变得复杂起来，我们写出等式(3.1.3)：

$$\mathrm{CVaR}_P = \mu_P - f(c,s,k) \cdot \sigma_P \tag{3.1.3}$$

其中 $f(c, s, k)$ 是一个与置信度、偏度和峰度相关的函数。不幸的是，函数 $f(c, s, k)$ 是复杂的，一般没有封闭形式解。然而，基于 TLF 分布的 Monte Carlo 模拟可以模拟非正态回报和最终估计公式(3.1.3)。

3.1.3 M-CVaR 优化

传统有效边界是基于 MVO 的优化，对给定的收益率，MVO 最大限度地缩小标准方差，或对给定的标准方差，MVO 使收益率最大化。与此不同，对给定的收益率，M-CVaR 最大限度地缩小尾端风险 CVaR，或对给定的 CVaR，M-CVaR 使收益率最大化。

M-CVaR 的优化过程考虑非正态回报的特点，在一般情况下，更倾向于正偏度、峰度小、低方差的资产。如果资产类别的回报是正态分布，MVO 和 M-CVaR 的优化则会导致相同的有效边界。因此，了解资产的偏度和峰度对使用 M-CVaR 优化投资组合很重要。

我们现在来研究 5 种不同情形下资产偏度和峰度对 M-CVaR 优化的影响。我们先从一个简单的例子说起，最后一个是更实用的 14 类资产的例子。更具体地说，情形 1-4 涉及 4 个简单假设的例子，而情形 5 则是真实的 14 个资产类别的例子。

我们使用多元 TLF 分布模型模拟多元资产回报，然后对这些模拟的多元资产回报进行 MVO 和 M-CVaR 的优化。附录提供了如何模拟多元 TLF 分布模型的回报分布的细节。

3.1.4 假设的 4 个简单资产

为了分离偏度和峰度对 M-CVaR 的优化的影响，我们做一个控制偏度和峰度的实验，这样我们可以很清楚地看到 M-CVaR 的机理。我们假定 4 个简单的资产——资产 A、B、C 和 D。它们的预期回报率、标准方差和相关矩阵如表 3.1.1 所示。表 3.1.1 中的 C 表明了 4 种情形下 4 个资产的偏度和峰度值。正态分布的偏度为 0 和峰度为 3。峰度大于 3 表示厚的尾部。我们可以应用多元 TLF 模型来生成相应的多元收益率。

假设无风险利率为 0%，资产 A、B 和 C 的夏普比都为 0.5。资产 D 具有稍低的夏普比(0.43)。资产 A 和其他资产之间的相关性较“低”，而资产 B、C 和 D 之间的相关性较“高”。我们可以认为资产 A 为债券，资产 B、C、D 为股票。

表 3.1.1 **资本市场假设与高阶矩**

A 组：预期收益和标准方差

	预期收益	标准方差
资产 A	5%	10%
资产 B	10%	20%
资产 C	15%	30%
资产 D	13%	30%

B 组：相关矩阵

Correlation	Asset A	Asset B	Asset C	Asset D
资产 A	1.00			
资产 B	0.34	1.00		
资产 C	0.32	0.82	1.00	
资产 D	0.32	0.82	0.71	1.00

续表

C 组：偏度和峰度

情形	偏度或峰度	Asset A	Asset B	Asset C	Asset D
情形 2	偏度	0	0	0	0
	峰度	3.5	3.5	6	3.5
情形 3	偏度	0	0	-0.5	-0.3
	峰度	6	6	6	6
情形 4	偏度	0	0	-0.5	-0.3
	峰度	3.5	3.5	6	3.5

我们现在分析了偏度和峰度对资产配置的影响。表 3.1.1C 列出了 4 个资产的不同的偏度和峰度。资产 C 的偏度为 -0.5 和峰度为 6，它们是典型的股票类资产的偏度和峰度（如表 3.1.6 所示）。因为 MVO 忽略高阶矩，基于 MVO 的优化资产配置在 4 种情景下几乎相同。相比之下，我们预计 M-CVaR 的优化导致不同的资产配置。

3.1.5　情形 1：零偏度和相同峰度

零偏度意味着对称的分布，相同峰度即所有资产的尾端是相同的厚。最简单的情况下是所有 4 个假设资产的收益率都被假定为多元正态分布（偏度为 0，峰度为 3）。表 3.1.2 显示了 MVO 和 M-CVaR 的各 4 个最优资产配置，从低预期回报（低风险）到预期高回报（高风险）不等。唯一的限制是没有做空。在这种情形下，MVO 和 M-CVaR 的优化资产配置是相同的。这种结果是直观的，我们从公式（3.1.2）可以看出，给定了 μ_P，减少 CVaR 等价于减少 σ_P 或 σ_P^2。

如果所有 4 个资产的收益率分布都对称，但峰度相等却都大于 3，MVO 和 M-CVaR 的优化结果仍然非常相似。原因是，当所有资产的峰度都均匀增高，每个资产对整体投资组合的 CVaR 的绝对值

表 3.1.2　**情形 1:零偏度和相同峰度**

	预期回报 = 7%		预期回报 = 9%		预期回报 = 11%		预期回报 = 13%	
	MVO	M-CVaR	MVO	M-CVaR	MVO	M-CVaR	MVO	M-CVaR
资产 A	70.9%	70.9%	54.5%	54.5%	37.3%	37.3%	16.4%	16.4%
资产 B	18.3%	18.3%	8.4%	8.4%	0.0%	0.0%	0.0%	0.0%
资产 C	10.9%	10.9%	30.6%	30.6%	49.3%	49.3%	65.7%	65.7%
资产 D	0.0%	0.0%	6.5%	6.5%	13.4%	13.4%	17.9%	17.9%
合计	100.0%	100.0%	100.0%	100.0%	100.0%	100.0%	100.0%	100.0%
Std. Dev.	11.2%	11.2%	14.9%	14.9%	19.4%	19.4%	24.4%	24.4%
Skewness	0.0	0.0	0.0	0.0	0.0	0.0	0.0	0.0
Kurtosis	3.0	3.0	3.0	3.0	3.0	3.0	3.0	3.0
VaR	-11.5%	-11.5%	-15.6%	-15.6%	-21.1%	-21.1%	-27.3%	-27.3%
CVaR	-16.1%	-16.1%	-21.7%	-21.7%	-29.0%	-29.0%	-37.3%	-37.3%

贡献高，但相对来说都是一样的。换句话说，每个资产对组合的CVaR的贡献相对百分比保持不变。这也就是说，仅仅是“厚尾”还不足以让MVO失效。

3.1.6　情形2：零偏度和不同峰度

在情形2中，我们假设所有4个资产的偏度为0，但改变每个资产的峰度。A、B和D资产具有相对薄的尾巴，它们的峰度都为3.5，资产C的峰度为6。情形2测试在偏度都为0的情况下，不同的峰度如何影响资产分配。

结果显示于表3.1.3。正如我们所预料，相对于MVO，M-CVaR优化给资产C的分配显著较低。M-CVaR的优化通过减少对资产C的分配降低了投资组合的CVaR风险。

3.1.7　情形3：非零偏度和相同峰度

在情形3中，资产A和B有0偏度，资产C和D的偏度分别为-0.5和-0.3。所有4个资产的峰度为6。情形3测试相同峰度但不同程度的偏度的影响。

优化结果显示于表3.1.4。M-CVaR的优化给出资产C的分配范围比相应的MVO要低3.9至9.4个百分点。这表明，峰度相同时，M-CVaR的优化倾向于避免负偏度资产因为负偏度资产给整个投资组合贡献更高的尾端风险。

3.1.8　情形4：非零偏度和不同峰度

情形4的偏度与情形3的偏度是相同的（A和B的资产偏度是0，资产C和D的偏度分别为-0.5和-0.3），但是，我们现在改变峰度。资产A、B和D的峰度均为3.5，而资产C处于不利地位的6。情形4测试不同程度的偏度和峰度对资产配置的影响。

正如预期的那样，表3.1.5显示M-CVaR的优化给出资产C的分配范围比相应的MVO要低5.6至20.6个百分点。比情形2要低额外的2.6至3个百分点。资产C的分配在我们目前所涉及的4种

表 3.1.3 **情形 2:零偏度和不同峰度**

	预期回报 = 7%		预期回报 = 9%		预期回报 = 11%		预期回报 = 13%	
	MVO	M-CVaR	MVO	M-CVaR	MVO	M-CVaR	MVO	M-CVaR
资产 A	71.0%	68.2%	52.8%	47.3%	35.8%	25.7%	16.9%	4.5%
资产 B	18.8%	24.6%	13.9%	23.2%	5.1%	23.4%	0.6%	22.4%
资产 C	10.1%	7.1%	28.8%	20.6%	46.6%	33.2%	63.5%	45.9%
资产 D	0.0%	0.1%	4.5%	8.9%	12.5%	17.8%	18.9%	27.2%
合计	100.0%	100.0%	100.0%	100.0%	100.0%	100.0%	100.0%	100.0%
Std. Dev.	11.2%	11.3%	14.8%	14.9%	19.3%	19.6%	24.2%	24.6%
Skewness	0.0	0.0	0.0	0.0	0.0	0.0	0.0	0.0
Kurtosis	3.34	3.26	4.0	3.6	4.6	3.9	4.9	4.0
VaR	-11.36%	-11.43%	-14.9%	-15.3%	-19.9%	-20.8%	-25.4%	-27.0%
CVaR	-16.63%	-16.57%	-23.4%	-23.0%	-32.4%	-31.8%	-42.2%	-41.3%

表 3.1.4　**情形 3:非零偏度和相同峰度**

	预期回报 = 7%		预期回报 = 9%		预期回报 = 11%		预期回报 = 13%	
	MVO	M-CVaR	MVO	M-CVaR	MVO	M-CVaR	MVO	M-CVaR
资产 A	72.1%	68.8%	56.0%	52.5%	37.7%	33.6%	17.2%	13.1%
资产 B	16.2%	22.6%	6.1%	11.9%	0.5%	6.9%	0.0%	5.1%
资产 C	11.4%	7.5%	31.0%	25.5%	48.7%	41.3%	65.2%	55.8%
资产 D	0.3%	1.2%	6.9%	10.1%	13.1%	18.2%	17.7%	26.0%
合计	100.0%	100.0%	100.0%	100.0%	100.0%	100.0%	100.0%	100.0%
Std. Dev.	11.3%	11.3%	14.9%	15.0%	19.5%	19.5%	24.4%	24.6%
Skewness	-0.1	-0.1	-0.3	-0.3	-0.4	-0.3	-0.4	-0.3
Kurtosis	4.2	4.1	4.7	4.5	5.2	4.9	5.4	5.1
VaR	-12.1%	-12.3%	-16.4%	-16.6%	-22.2%	-22.5%	-28.8%	-29.3%
CVaR	-19.1%	-19.0%	-26.9%	-26.7%	-37.2%	-37.0%	-48.2%	-47.9%

表 3.1.5　**情形 4:非零偏度和不同峰度**

	预期回报 = 7%		预期回报 = 9%		预期回报 = 11%		预期回报 = 13%	
	MVO	M-CVaR	MVO	M-CVaR	MVO	M-CVaR	MVO	M-CVaR
资产 A	71.3%	66.0%	53.4%	44.2%	35.8%	22.9%	16.7%	2.9%
资产 B	18.1%	28.6%	11.9%	28.9%	4.4%	27.8%	0.1%	23.8%
资产 C	10.6%	5.0%	29.1%	17.3%	46.6%	29.4%	63.1%	42.4%
资产 D	0.0%	0.4%	5.6%	9.6%	13.3%	20.0%	20.1%	30.9%
合计	100.0%	100.0%	100.0%	100.0%	100.0%	100.0%	100.0%	100.0%
Std. Dev.	11.3%	11.3%	14.8%	15.1%	19.3%	19.8%	24.3%	24.8%
Skewness	-0.1	-0.1	-0.3	-0.2	-0.4	-0.3	-0.4	-0.3
Kurtosis	3.3	3.2	4.0	3.5	4.6	3.7	4.8	3.9
VaR	-11.9%	-12.0%	-16.2%	-16.7%	-22.2%	-23.1%	-28.7%	-29.9%
CVaR	-17.6%	-17.4%	-25.7%	-25.1%	-36.0%	-34.9%	-46.8%	-45.5%

情形里最低。对于预期收益率为13%的投资组合，M-CVaR 优化的投资组合的标准方差比 MVO 高 0.5 个百分点，但其尾端风险比 MVO 减少了 1.3 个百分点。

3.1.9　总结情形 1-4

在图 3.1.1 中，我们总结了偏度和峰度对 MVO 和 M-CVaR 的优化结果的影响，特别是资产 C 在 4 种情形里的分配。在 4 种情形里，MVO 的优化结果大体相同，观察到的差异来自抽样误差，即 4 个资产在 4 种情形里的收益率、标准方差和相关矩阵的较小差异。相比之下，用 M-CVaR 的优化进行资产配置时，偏度和峰度的影响导致资产 C 的分配改变达 20 个百分点。情形 2 表明当偏度相同时，峰度有显著的影响。情形 3 表明当峰度相同时，偏度有显著的影响。情形 4 表明偏度和峰度相结合的影响最大。

这 4 个情形给我们提供了有益的见解。尾端偏度和峰度信息可以显著地影响 M-CVaR 的优化。在这些情况下，尾端损失可通过进行 M-CVaR 的优化而减少，但 MVO 不能够利用尾端信息。资产之间的偏度和峰度范围越宽，M-CVaR 优化的价值就越大。

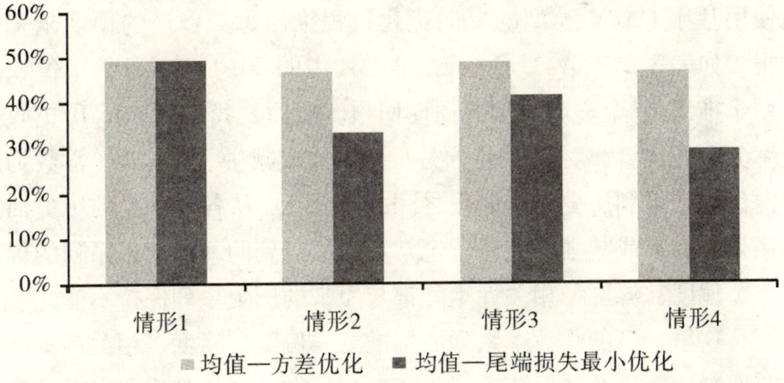

图 3.1.1　4 种情形下偏度和峰度对 MVO 和 M-CVaR 的优化结果的影响(资产 C 的分配，预期收益率为 11%)

3.1.10　情形 5：14 个资产类的投资组合

前面 4 个情形是基于假设的资产。在最后一个情形里，我们把 MVO 和 M-CVaR 应用到一个实用的 14 个资产类的投资组合。这 14 个资产类在很多大机构（例如博物馆、大学等）的投资组合中都常见到。14 个资产类别从 1990 年 2 月至 2010 年 5 月的统计数值如表 3.1.6 所示。统计数值包括历史均值、标准差、偏度、峰度、夏普比率、CVaR 和"CVaR 比率"。CVaR 比率是衡量收益与尾端风险的绩效，它与夏普比率相似，但分母为 CVaR。从表 3.1.6 中我们看到，新兴市场尾端损失最大，美国国债的夏普比率与 CVaR 比率最高，非美国发达股市的夏普比率与 CVaR 比率最低。

表 3.1.7 显示了根据 Black-Litterman 方法推出的 14 个资产类别的预期收益率。在我们前面的 4 个情形中，我们使用了多元的 TLF 分布(参数基于表 3.1.1)。在我们的最后一个例子里，我们换到一种非参数的自举分析的历史数据的基础上。这使其他研究人员能重复这部分我们的分析(因为可能没有太多研究者有我们这样的多元 TLF 分布)。

历史的回报一般不会重复，因此我们根据 Black-Litterman 模型使用基于 CAPM 模型的反向优化过程推出每类资产的预期未来回报，如表 3.1.7 第二列所示。第一列中的 2010 年 5 月的市值权重用于推出 14 个资产类别的预期回报。然后，我们"移动"历史收益率分布的位置，对每一个历史回报添加或减去一个常数(常数为反向优化回报和历史平均回报之间的差异) 。从各资产类的历史回报系列中加上或减去相应的特定常数后所得到的新的回报系列的标准差、偏度、峰度、相关性矩阵都与原来的历史系列保持不变。

这里，新的收益率系列的标准差、偏度、峰度、相关性矩阵都与原来的历史系列保持不变，我们这样做的目的是让有兴趣的读者能重复我们的结果。但在实际应用中，我们应对资产分布的 4 个矩都作出预测，而不是简单地用历史数据去估计。

由于预期回报和历史回报之间有着很大的差别，如表 3.1.7 所

表 3.1.6　**14 个资产类的历史统计分析（从 1990 年 2 月至 2010 年 5 月）**

	算术平均收益	标准偏差	偏度	峰度	Sharpe 比率	CVaR	CVaR 比率
美国大盘价值型	10.24%	14.70%	−0.82	5.06	0.44	−36.37%	0.18
美国大盘成长型	9.34%	17.40%	−0.64	4.19	0.32	−41.46%	0.13
美国小盘价值型	12.62%	17.07%	−0.86	5.16	0.51	−42.84%	0.20
美国小盘成长型	9.47%	23.23%	−0.41	3.84	0.24	−51.71%	0.11
非美国发达股票	5.85%	17.45%	−0.52	4.29	0.11	−40.90%	0.05
新兴市场股票	13.29%	24.26%	−0.74	4.72	0.39	−56.11%	0.17
商品	7.13%	15.58%	−0.57	6.67	0.21	−35.00%	0.09
非美国房地产信托	8.05%	20.66%	−0.22	5.03	0.20	−46.44%	0.09
美国房地产信托	15.31%	20.36%	−0.76	10.51	0.56	−49.50%	0.23
美国通货膨胀保护债券	8.19%	5.54%	−0.89	8.27	0.78	−11.74%	0.37
美国债券	7.22%	3.82%	−0.31	3.72	0.89	−6.77%	0.50
非美国债券	7.67%	8.76%	0.17	3.54	0.44	−15.89%	0.24
全球高收益债券	10.89%	10.59%	−1.60	12.50	0.67	−27.13%	0.26
现金	3.85%	0.57%	−0.26	2.26	N/A	0.03%	N/A

示的预期的夏普比率和预期 CVaR 比率完全不同于其相应的表 3.1.6 所示的历史比率。新兴市场继续有最大的预期尾端损失。非美发达股市有最大预期夏普比率与 CVaR 比率。美国债券有最低预期的夏普比率，而美国 TIPS 的预期 CVaR 比率最低。

表 3.1.7　　**14 个资产类的预期回报分析**

	资本市值权重	预期收益	Sharpe 比率	预期 CVaR	CVaR 比率
美国大盘价值型	8.70%	8.94%	0.36	-36.62%	0.14
美国大盘成长型	8.67%	9.54%	0.34	-41.29%	0.14
美国小盘价值型	0.83%	9.12%	0.32	-43.66%	0.12
美国小盘成长型	0.76%	10.71%	0.31	-51.23%	0.14
非美国发达股票	16.01%	10.53%	0.40	-39.50%	0.18
新兴市场股票	4.82%	11.88%	0.35	-56.30%	0.15
商品	5.80%	6.33%	0.16	-35.16%	0.07
非美国房地产信托	7.98%	11.31%	0.38	-45.41%	0.17
美国房地产信托	3.51%	9.24%	0.27	-50.97%	0.11
美国通货膨胀保护债券	0.84%	4.78%	0.15	-12.64%	0.06
美国债券	23.12%	4.49%	0.13	-7.49%	0.07
非美国债券	16.04%	5.51%	0.18	-16.44%	0.10
全球高收益债券	1.92%	7.10%	0.31	-28.07%	0.12
现金	0.98%	4.00%	N/A	0.10%	N/A

接下来，我们进行自举分析，从这些“调整后”的收益分布随

机取样。自举或重采样方法是为了解决输入的不确定性，以及估计误差、输入灵敏度和高度集中的资产分配的问题。

由于 CVaR 测量的是尾端信息，每个采样需要包含足够的数据。我们设置的长度是从 1990 年 2 月至 2010 年 5 月，或 244 个月。因此，左尾包含大约 12 个数据点(5% ×244)。M-CVaR 的优化和 MVO 各自被重复了 500 次。每一次的样品都不同。

为了确保风险分散，每类资产在每个优化分配的最大限制为 30%。为了减轻重复采样(resampling，见 Scherer(2002))引起的“期权属性”(optionality)问题，卖空是允许的，每类资产的卖空限制也设为 30%。期权属性是指在限制卖空的情况下，资产要么为正，要么为零，但不会为负，从而使高波动性的资产往往获得更高的分配。

图 3.1.2 显示了在过去的 20 年中，1990 年至 2010 年的 14 个资产类别的偏度和峰度。有趣的是，14 个资产类别的偏度和峰度之间的关系有点近似线性。峰度越高，往往伴随着更负的偏度。在这些资产类中，高收益债券(high yield)、美国房地产、美国的通胀挂钩债券(TIPS)，具有高峰度和更极端的负偏度(图 3.1.2 的右

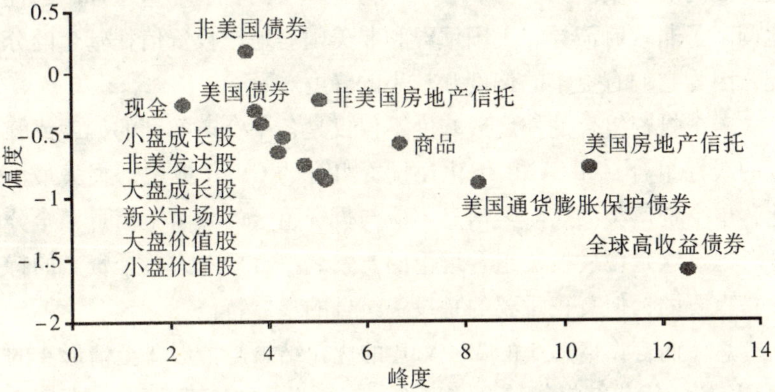

图 3.1.2　14 个资产类别的偏度和峰度
(1990 年 2 月 至 2010 年 5 月)

下角）。从这个角度来看，这3类资产具有类似上面的情形4中的资产C。根据经验，这些资产在正常时期似乎产生“相对”稳定的回报，但它们在极端情况下可能遭受严重的损失。对于美国房地产投资信托基金，它的大部分收益虽然来自股息这种较为平滑的成分，但由于它所用的杠杆比其他资产类高，因而它的偏度和峰度可能会偏高。美国TIPS和高收益债券在严重的下行市场中，与美国股市的相关性很高，远高于在正常市场时的相关性。这些都影响到负偏度和峰度。

表3.1.8显示了M-CVaR和MVO分别对14个资产类别的优化后的最佳资产配置。在表3.1.8中我们选择4个资产组合（从AM1到AM4），它们分别对应7%、9%、11%和13%的预期收益率。粗体的数字表明了M-CVaR与MVO之间显著不同的资产配置，不同的程度达到或超过95%的置信水平。例如，非美国债券在M-CVaR优化里显著高出约4.5%，全球高收益债券则显著低出约3%。这两种资产类别在图3.1.2中位于南北两极。

相对于MVO的优化，M-CVaR的优化调低了全球高收益债券、美国房地产投资信托基金和大宗商品的分配，因为它们有更负的偏度和更高的峰度。另一方面，相对于MVO的优化，M-CVaR的优化调高了非政府债券、美国债券和非美国房地产投资信托基金的分配，因为它们有更小的偏度和较小的峰度。

一个投资组合的偏度或峰度不仅仅是各个资产类别的偏度或峰度的线性组合。M-CVaR优化让投资组合的CVaR或尾部损失最小化，单个资产类的高阶矩信息不应与投资组合的高阶矩信息完全分开考虑。这是现代投资组合理论的要素之一，即考虑单个资产的特征是重要的，但真正重要的是投资组合的整体特征。

总体而言，情形5的M-CVaR的优化结果与情形2至情形4的M-CVaR的优化结果相符合。例如，表3.1.8的底部显示，对于M-CVaR的优化后资产组合AM4，与MVO相比，波动率上升了0.7个百分点，但偏度从-0.4上升至0，峰度降低了0.8，尾端风险CVaR降低了1.7个百分点。

表 3.1.8　　**M-CVaR 和 MVO 分别对 14 个资产类别的优化后的最佳资产配置**

资产组合 预期收益	1 7%		2 9%		3 11%		4 13%	
	MVO	M-CVaR	MVO	M-CVaR	MVO	M-CVaR	MVO	M-CVaR
美国大盘价值型	1.13%	0.59%	3.52%	2.15%	5.79%	3.80%	8.88%	6.87%
美国大盘成长型	3.29%	4.63%	3.79%	4.52%	4.93%	5.70%	7.67%	8.04%
美国小盘价值型	7.54%	8.51%	5.48%	6.03%	4.52%	4.77%	5.28%	5.79%
美国小盘成长型	−2.35%	−1.37%	−1.36%	−0.04%	0.08%	1.74%	1.91%	4.01%
非美国发达股票	2.82%	−0.45%	5.25%	2.47%	8.54%	7.08%	12.05%	11.36%
新兴市场股票	1.31%	1.53%	1.56%	1.18%	2.94%	2.35%	5.48%	4.94%
商品	3.62%	1.12%	4.03%	1.38%	4.71%	2.17%	4.85%	2.59%
非美国房地产信托	−2.83%	−2.55%	0.01%	2.33%	3.49%	6.19%	7.75%	10.70%
美国房地产信托	−2.55%	−4.36%	−0.74%	−3.42%	1.75%	−1.69%	4.73%	0.98%
美国通货膨胀保护债券	15.55%	15.17%	13.46%	15.51%	11.89%	14.42%	8.10%	10.33%
美国债券	28.18%	28.30%	22.91%	24.11%	17.35%	20.26%	11.16%	14.46%

续表

资产组合 预期收益	1 7%		2 9%		3 11%		4 13%	
	MVO	M-CVaR	MVO	M-CVaR	MVO	M-CVaR	MVO	M-CVaR
非美国债券	9.27%	15.62%	9.01%	14.10%	8.82%	12.27%	8.08%	11.02%
全球高收益债券	5.01%	3.29%	5.22%	2.26%	5.01%	1.53%	4.86%	0.72%
现金	30.00%	29.97%	27.84%	27.40%	20.19%	19.40%	9.19%	8.19%
总和	100.0%	100.0%	100.0%	100.0%	100.0%	100.0%	100.0%	100.0%
标准偏差	4.0%	4.6%	6.0%	6.7%	8.5%	9.2%	10.8%	11.5%
偏度	-0.4	0.3	-0.3	0.3	-0.3	0.1	-0.4	0.0
峰度	5.0	3.7	4.9	3.9	5.0	4.2	5.1	4.3
VaR	-4.8%	-4.7%	-7.6%	-7.5%	-11.4%	-11.1%	-14.8%	-14.7%
CVaR	-7.3%	-6.0%	-11.4%	-9.8%	-16.9%	-15.1%	-22.1%	-20.4%

小 结

投资从业者都很清楚，资产回报不是正态分布的，投资者的偏好往往超越均值和方差，但是，高阶矩对投资组合选择的影响并不为人们所熟知。

在一系列设计好的传统 MVOs 与 M-CVaR 的优化的比较中，我们研究了偏度和峰度对资产配置的影响。在前面 4 个例子中，我们使用多变量的 TLF 分布模型来模拟资产类别的回报、方差、偏度和峰度，这让我们能够更准确地测量投资组合的尾端风险（CVaR）。

当资产类别的回报都是对称的，并有一致的厚尾，MVO 和 M-CVaR 优化导致同样的资产配置。当有不同程度的偏度和峰度时，MVO 和 M-CVaR 优化导致显著不同的资产分配。特别是，负偏度和厚尾的资产影响最大。直观地说，M-CVaR 优化偏好正偏度、峰度较低以及较低的方差的资产。

在过去的 20 年中，全球高收益债券、美国房地产投资信托基金、美国 TIPS、价值型股票有显著的负偏度，而非美国政府债券则有正偏态。全球高收益债券、美国房地产投资信托基金，以及美国 TIPS 峰度均高于其他类资产。相对于 MVO，14 类资产的 M-CVAR 优化分配给非美国政府债券和美国的名义债券比例显著地高，而全球高收益债券、美国房地产投资信托基金、以及大宗商品则显著地低。

我们仅仅开始认识到高阶矩对资产配置的影响，进一步的研究是有必要的，这些优化体现出现代投资组合理论的一个重要含义：重要的是影响投资组合整体的因素。

附录 多元 TLF 分布

通过 John Nolan 编写的软件包，我们产生多元列维稳定分布

(见 http：//academic2. american. edu/ ~jpnolan/stable/stable. html). 下一步，我们对列维稳定分布进行截断，使每个回报率系列遵循截断列维分布，并保留相关矩阵。

不同偏度的多元 Lévy 稳定分布可以由 Nolan 软件的离散频谱(discrete spectral measure)多元稳定分布函数产生。该函数的输入是一个矩阵，一个 beta 矢量，一个 lamda 矢量，一个位置矢量，还要一个尾端指数 α。从概念上讲，这个矩阵对应协方差矩阵。lamda 与波动率成正比。Beta 对应每个资产的偏度。位置向量对应预期回报向量。

请注意，多元稳定分布，或多元 TLF 分布的缺点是它要求每个资产的分布有相同的尾部指数(α)。在一个典型的投资组合中，股票和债券往往有略为不同的尾部指数。尾部指数(α)与峰度密切相关，它用于控制峰度参数。尾巴较低的指数(α)的峰度越高。

在情形 2 和情形 4，我们假设两个不同的峰度水平(资产 C 的峰度为 6，资产 A、B 和 D 的峰度为 3.5)。为了实现这些复杂的情形，我们运行多元 TLF 函数两次(一次的峰度为 3.5，另一次的峰度为 6)。然后我们用第二套多元 TLF 回报里的资产 C(峰度为 6)替换第一套多元 TLF 回报里的资产的 C(峰度为 3.5)。这样替换的结果会让相关矩阵稍微被扭曲，但这并不重要，因为我们的兴趣是比较 MVO 和 M-CVaR 在给定相同的多元收益率的情况下的优化。

参考文献

本章主要参考本书作者合著的论文：James Xiong and Thomas Idrozek(2011) Impact of Skewness and Fat tails on Asset Allocation Decision. *Financial Analysts Journal.*

Artzner, Philippe, Freddy Delbaen, Jean-Marc Eber, David Heath (1999) Coherent Measures of Risk. *Mathematical Finance*, Vol. 9,

No. 3: 203-228.

Blattberg, Robert C., and Nicholas J. Gonedes (1974) A comparison of the stable and student distributions as statistical models for stock prices. *Journal of Business*, Vol. 47, No. 2: 244-280.

Clark, Peter K. (1973) A subordinated stochastic process model with finite variance for speculative prices. *Econometrica*, Vol. 41, No. 1: 135-155.

Fama, Eugene F. (1965) The Behavior of Stock-Market Prices. *Journal of Business*, Vol. 38, No. 1: 34-105.

Hallerbach, Winfried G. (2002) Decomposing Portfolio Value-at-Risk: A General Analysis. *Journal of Risk*, Vol. 5, No. 2: 1-18.

Harvey, Campbell R., John C. Liechty, Merrill W. Liechty and Peter Müller (2010) Portfolio selection with higher moments. *Quantitative Finance*, Vol. 10, No. 5: 469-485.

Kaplan, Paul D. (2009) Déjà Vu All Over Again. *Morningstar Advisor*, (Feburary/March): 29-33.

Lévy, Paul. (1925) Calcul des probabilités (Gauthier-Villars, Paris).

Longin, François. and Bruno Solnik (2001) Extreme Correlation of International Equity Markets. *Journal of Finance*, Vol. 56, No. 2: 649-676.

Mandelbrot, Benoit B. (1963) The variation of certain speculative prices. *Journal of Business*, Vol. 36, No. 4: 392-417.

Mantegna, Rosario N. and H. Eugene Stanley (1999) *An Introduction to Econophysics: Correlations and Complexity in Finance.* Cambridge University Press, Cambridge.

Nolan, John (2009) Software Stable 5.1 for Matlab.

Patton, Andrew J. (2004) On the Out-of-Sample Importance of Skewness and Asymmetric Dependence for Asset Allocation. *Journal of Financial Econometrics*, Vol. 2, No. 1: 130-168

Pflug, Georg Ch. (2000) Some Remarks on the Value-at-Risk and the Conditional Value-at-Risk. In *Probabilistic Constrained Optimization*:

Methodology and Applications, Ed. S. Uryasev, Kluwer Academic Publishers: 272-281.

Rachev, Svetlozar T., Christian Menn, and Frank J. Fabozzi (2005) Fat-Tailed and Skewed Asset Return Distributions. Implications for Risk Management, Portfolio Selection, and Option Pricing. *Wiley Finance.*

Rockafellar, R. Tyrrell and Stanislav Uryasev (2000) Optimization of Conditional Value-At-Risk. *The Journal of Risk*, Vol. 2, No. 3: 21-41.

Scherer, Bernd(2002) Portfolio Resampling: Review and Critique. *Financial Analysts Journal*, Vol. 58, No. 6 (November/December): 98-109.

Xiong, James X. (2010) Using Truncated Lévy Flight to Estimate Downside Risk. *Journal of Risk Management in Financial Institutions*, Vol. 3, No. 3: 231-242.

3.2 波动率与左尾风险的溢价

本书迄今为止我们都在把尾端风险视为规避的对象，因为它让投资者面临巨大的损失。本章我们要问的问题是：已经发生了的尾端风险对资产和市场的前景如何？我们知道在市场崩溃时，投资者日渐恐惧，资产被廉价地甩卖。换句话说，尾端风险以后的资产值不值得买？它有没有溢价？

在本章中，我们选择对股票型基金进行测试，看看是波动率(volatility)还是尾端风险(tail risk)能够得到补偿。我们在同一时间分析这两个问题，所以我们的研究可以直接回答这个问题：如果波动率得不到补偿，尾端风险呢？我们选择股票型基金，而不是个股，是因为系统性风险对投资者来讲更重要，在一个典型的基金里，特殊性风险由于多种资产组合而被分散。

广泛的经验证据表明，低波动率或低β值的投资组合反而有较高的平均股票收益率。Ang，Hodrick，Xing 和 Zhang (2006，2009)发现，高风险的股票的平均收益低得可怜。这一发现激起了对低波动率的异常兴趣。Blitz 和 van Vliet (2007) 展示了跨区域的低波动率异常。Frazzini 和 Pedersen(2010)记录了全球股市、国债、信贷和期货市场中的低波动率异常。Baker，Bradley 和 Wurgler (2011) 提供了一个极好的低波动率和低 β 值异常的评论。

这些经验发现违反一个根本原则，即更高的风险需要更高的预期收益来补偿。一些行为模式，包括彩票的偏好和套利限制，被提出来解释这种反常现象。例如，Baker，Bradley 和 Wurgler (2011) 认为典型的机构投资者的任务，是超出一个固定的基准指数，如 S&P 500 指数，这个任务可能导致对高 β 的股票的需求增加，从而降低了它们的预期回报率。Hsu，Kudoh 和 Yamada (2013) 对低波动性的异常提供了另一种解释，即分析师更容易夸大高波动率股票的盈利预测。由于投资者常常对分析师的预测反应过度，这可能会导致对高波动性的股票系统性的高估，从而降低其预期回报。

我们的兴趣在问一个不同的问题：如果高波动率或高 β 不能得到补偿，还有其他类型的风险可能会得到补偿？更具体地说，波动率或 β 把正收益率与负收益率视为一致，它也没有考虑到收益率的非正态分布，因此波动率或 β 可能不是一个相关的风险测量，而尾端风险可能是一个候选者。一个尾端事件，可以显著地降低投资组合的价值。例子包括 1929 年的股市崩盘、1987 年的“黑色星期一”、1997 年的亚洲金融危机、2000 年 dot-com 泡沫破灭和 2008 年金融危机。因此，投资者可能需要较高的尾部风险溢价才愿意持有资产。事实上，一些资产定价的研究表明，这样的溢价存在，而且在统计上和经济上意义都显著。

Kraus 和 Litzenberger(1976)表明，投资者不喜欢高尾端风险的股票。他们用协偏度(coskewness)来衡量尾端风险，更负面的协偏度往往有较高的预期回报。Harvey 和 Siddique (2000) 显示，协偏度具有显著的风险溢价，对美股而言平均每年约 3.6%。

Bawa 和 Lindenberg (1977) 认为，从资产定价模型(CAPM)出发可以延伸到不对称的风险偏好，即不对称的下行和上行贝塔。Ang，Chen，and Xing (2006) 估计，每年美股下行风险溢价约 6%。

大多数以往的对美股的研究证实了低波动率异常和下行风险溢

价，即波动率没有得到补偿，但下行风险溢价的补偿在经济上是显著的。另一方面，很少有相关的研究报告针对股票型基金。一个例外是，Moreno 和 Rodríguez（2009）发现的证据表明，协偏度对共同基金的表现和评估有经济和统计上的意义。

基金和股票之间最大的区别是特殊风险。基金一般来说能消除大部分特殊风险，因为一个典型的共同基金持有超过 100 只股票，从而多样化显著地降低了特殊风险。然而，基金仍然有与其投资的性质有关的系统性风险，导致它们有不同的尾端风险。基金的另一个差异是充分考虑了交易成本，因为所有我们的分析都是基于总净值回报，而估算股票的交易成本可以说是非常具有挑战性。

我们的研究证实了美国股票基金和非美国股票基金中的低波动率异常。然而，美国股票基金和非美国股票基金的尾端风险溢价在经济上是显著的。

数据来源

我们使用晨星公司(Morningstar)的所有开放式(open-end)股票型共同基金，包括正在运作的和已停止的运作资金，涵盖日期从 1980 年 1 月至 2011 年 9 月。我们只用每个基金最早的股份类别(share class)。基金包括美国股票共同基金和非美国股票共同基金。晨星将美国股票基金按两个维度分为 9 个类别，第一个维度为大型、中型和小型，第二个维度为价值型、平衡型和成长型，这样，$3 \times 3 = 9$。大多数非美国股票基金成立日期迟于 1990 年。

我们收集了至少有 5 年历史的 3 389 个美国股票基金和 1 055 个非美国股票基金。附录显示，多数股票型基金表现出非正态分布，这表明尾端风险是重要的考虑因素。

3.2.1 测量波动性与尾端风险

在本节中，我们测试三个风险指标：波动率(VOL)、偏度(SKEW)、过剩的条件风险值(ECVaR)。波动率是该基金的总回报率的标准方差。它对尾端信息不敏感，而 SKEW 和 ECVaR 是测量尾端风险的变量。

SKEW 及 ECVaR 在前面第 2.1 章已经引进。在最后一节"基金的β与 Coskewness"，我们探索波动性和尾端风险的系统部分，即β与 Coskewness，看看它们哪个能得到补偿。

表 3.2.1 显示了 3 个风险的平均相关矩阵：美国股票型基金（A 组）和非美国股票基金（B 组）。样本期间为 1980 年 1 月至 2011 年 9 月。我们使用 5 年滚动窗口测得每个基金的相关矩阵，然后对所有基金进行平均，最后在时间上平均。VOL 与 SKEW 和 ECVaR 的相关性较低，表明波动率与尾端风险显示不同的信息。ECVaR 的计算取决于尾端水平。一个更低的尾端水平对应于一个更极端的左尾。表 3.2.1 中 ECVaR 值按尾端 5% 的水平计算，即最差的 5% 的回报。ECVaR 和 SKEW 之间的相关性为 66%（美国股票基金）和 74%（非美国股票基金），表明它们测量了大部分相同的尾端信息。下面我们将更多的精力放在 ECVaR，因为我们的分析表明，ECVaR 比 SKEW 更能准确地测量左尾端风险。

表 3.2.1　　**波动率和尾端风险的平均相关矩阵**

（1980 年 1 月至 2011 年 9 月）

A 组：美国股票基金

	波动率	SKEW	ECVaR
波动率	1.00	0.13	-0.10
SKEW		1.00	0.66
ECVaR			1.00

B 组：非美国股票基金

	波动率	SKEW	ECVaR
波动率	1.00	0.22	0.01
SKEW		1.00	0.74
ECVaR			1.00

3.2.2 波动性溢价和尾端风险溢价

我们的投资组合形成方法如下：根据前60个月的回报，我们计算每个股票型基金VOL和ECVaR，然后按VOL或ECVaR排序后将其分成5份。每个1/5代表一个投资组合，每个投资组合里每个基金的投资权重相等。我们对这些基金第61个月的超额收益求平均后就得到该投资组合的第一个月的收益。第一个1/5(Q1)代表VOL最低或尾端风险(ECVaR)最低的1/5，第五的1/5(Q5)是VOL最高或尾端风险(ECVaR)最高的1/5。一个更负的ECVaR值意味着更严重的尾端损失，因而具有更高的尾端风险。

与尾端风险估计相关的一个问题是统计意义和生存偏差之间的权衡。我们只有月度数据，我们需要至少60个月的数据来估计尾端风险，不幸的是这样引入了一些生存偏差，因为一些资金在5年内有可能被关闭。

表3.2.2给出了美国和非美国股票基金5个VOL组合和5个ECVaR组合的汇总统计数据。本章中所有的年回报率都减去了现金回报。我们利用Q5和Q1的算术平均差(Q5至Q1)来计算波动性溢价和尾端风险溢价。乍一看，美国股票基金的波动性溢价是正的(1.64%)，但在风险调整的基础上，波动性最高的组合(Q5)的夏普比率最低，明显低于其他4个VOL组合。从1985年1月至2011年9月Q1和Q5的几何平均值几乎是一样的(均为4.03%)。这些数据表明，波动性在风险调整的基础上没有得到任何补偿。对于非美国股票基金来说，波动性溢价(Q5至Q1)甚至为负(-1.35%),完全符合低波动性异常现象。然而，我们在控制波动性后(即让波动性保持一致)，美国股票基金的尾端风险溢价(Q5至Q1)为2.67%，非美国股票基金的尾端风险溢价(Q5至Q1)为2.50%，清楚表明尾端风险得到补偿。

表 3.2.2　**5 个 VOL 组合和 5 个 ECVaR 组合的统计摘要**

（1985 年 1 月至 2011 年 9 月）

A 组：美国股票基金

VOL	低波动率 1	2	3	4	高波动率 5
Ari. Mean	4.87%	5.70%	6.41%	6.36%	6.51%
Geo. Mean	4.03%	4.57%	5.09%	4.76%	4.03%
Std. Dev.	12.57%	14.54%	15.64%	17.23%	21.46%
Sharpe Ratio	0.39	0.39	0.41	0.37	0.30
ECVaR	低尾端风险 1	2	3	4	高尾端风险 5
Ari. Mean	4.30%	5.64%	6.24%	6.71%	6.97%
Geo. Mean	2.83%	4.34%	4.94%	5.37%	5.43%
Std. Dev.	16.59%	15.56%	15.54%	15.77%	16.87%
Sharpe Ratio	0.26	0.36	0.40	0.43	0.41

B 组：非美国股票基金

VOL	低波动率 1	2	3	4	高波动率 5
Ari. Mean	6.21%	5.39%	5.75%	5.27%	4.86%
Geo. Mean	5.18%	4.05%	4.22%	3.58%	2.46%
Std. Dev.	13.80%	15.77%	16.85%	17.69%	21.22%
夏普比率	0.45	0.34	0.34	0.30	0.23
ECVaR	低尾端风险 1	2	3	4	高尾端风险 5
Ari. Mean	3.83%	4.89%	6.01%	6.42%	6.33%
Geo. Mean	2.28%	3.45%	4.59%	4.90%	4.42%
Std. Dev.	17.12%	16.41%	16.20%	16.77%	18.73%
夏普比率	0.22	0.30	0.37	0.38	0.34

图 3.2.1 显示了 5 个 VOL 组合和 5 个 ECVaR 组合在表 3.2.2 A 组中所示的美国股票基金的风险与回报的关系。对 VOL 组合来

讲，风险与回报的关系从 Q1 到 Q3 具有正斜率，从 Q3 到 Q5 则很平坦。从 Q1 到 Q3 的正斜率部分可以解释为 Q1 组合中的股票型基金比 Q3 组合中的股票型基金持有较高的现金和债券，这样使 Q1 具有较低的波动性和较低的算术回报。另一方面，5 个 ECVaR 组合给出了一种完全不同的结论。他们有类似的标准偏差，但低尾端风险的预期超额回报最低，高尾端风险的预期超额回报最高，表明尾端风险溢价是正的。

当尾端水平为 5% 时，我们所测量的 ECVaR 左尾端只有 3 个数据点，即($0.05*60=3$)。为了减少少量数据点上带来的测量误差，我们也计算了尾端水平为 10% 的尾端风险的风险回报关系(图 3.2.1 三角形所示)。我们发现两个端部的尾端风险前沿很类似，只是尾端水平为 10% 的尾端风险溢价稍低了一些。①

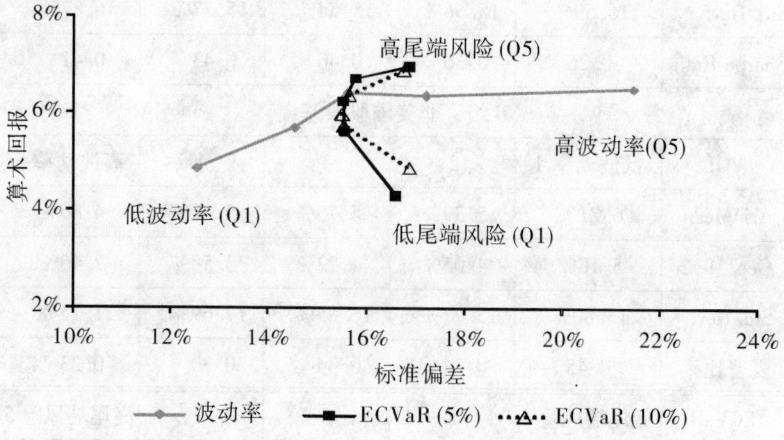

图 3.2.1　美国股票基金的 5 个 VOL 组合和 5 个 ECVaR 组合的风险与回报的关系（1985 年 1 月 至 2011 年 9 月）

图 3.2.2 显示非美国股票基金的 5 个 VOL 组合和 5 个 ECVaR 组合在尾端水平为 5% 和 10% 的风险回报关系。5 个 VOL 组合的风

① 不幸的是，较高的尾端水平的 ECVaR 将包括收益率的中间部分，从而接近波动率。用日收益率将减轻小样本问题，但我们没有日收益率的数据。

险回报关系的斜率为负，这证实了低波动异常现象。另一方面，5个ECVaR组合在两个尾端水平下的尾端风险溢价(Q5-Q1)都是正的。

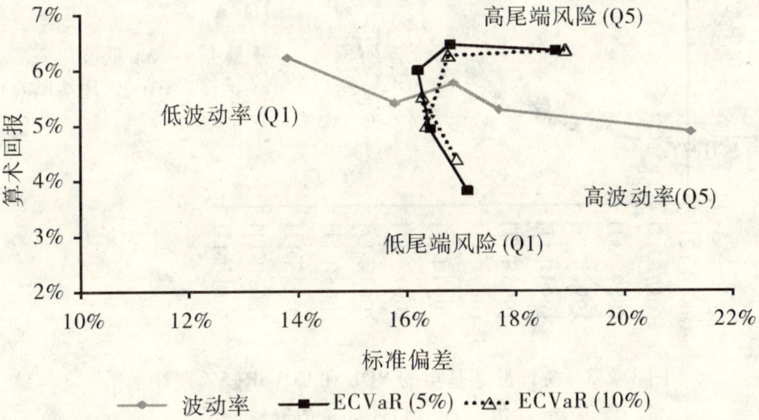

图3.2.2　非美国股票基金的5个VOL组合和5个ECVaR组合的风险与回报的关系(1985年1月至2011年9月)

图3.2.3显示了美国股票基金Q1和Q5的VOL和ECVaR(5%尾端水平)投资组合价值的增长。在整个期间，高尾端风险组合的价值比低尾端风险组合的价值高。高波动性的组合的价值比低波动性的组合的价值在2000年前高(主要是在科技股泡沫期间)。然而，科技股泡沫破灭后高波动性的组合收益明显低于低波动性的组合收益，所以它们最后的值几乎相同。这些结果与Baker，Bradley和Wurgler (2011) 的观察相一致，即科技股泡沫破灭后的低波动异常扩大。

图3.2.4显示了非美国股票基金Q1和Q5的VOL和ECVaR(5%尾端水平)投资组合价值的增长。在整个期间，高尾端风险组合的价值比低尾端风险组合的价值高。相比之下，高波动性组合的价值比低波动性组合的价值低。因此，图3.2.3和图3.2.4支持了波动性没有补偿、但尾端风险能得到补偿的结论。

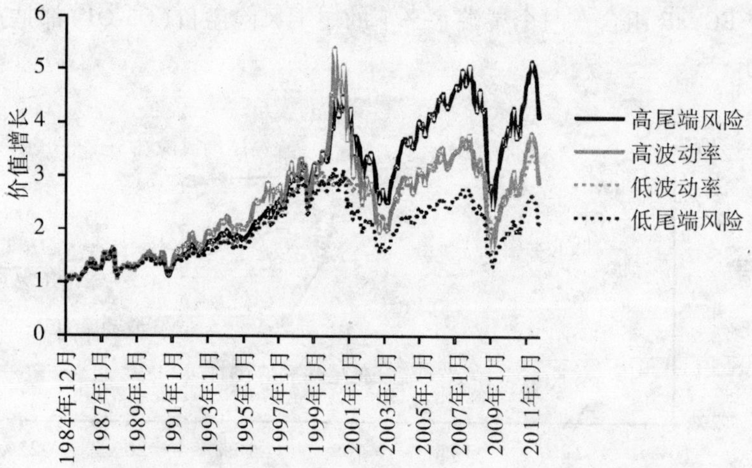

图 3.2.3　美国股票基金的 VOL 和 ECVaR(5%尾端水平)
组合 Q1 和 Q5 的价值增长

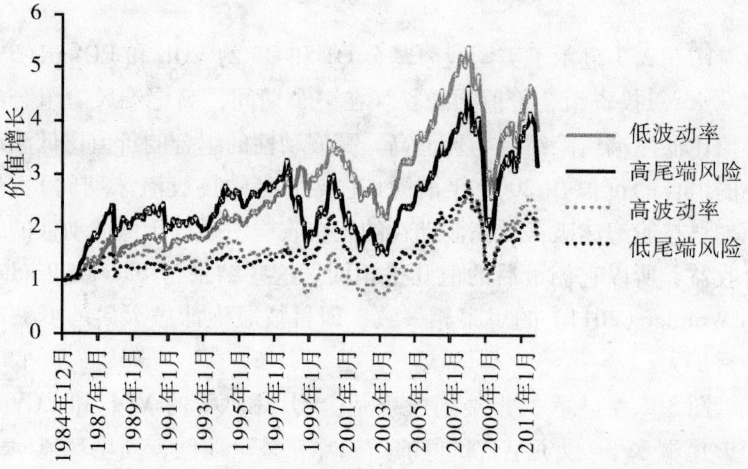

图 3.2.4　非美国股票基金的 VOL 和 ECVaR(5%尾端水平)
组合 Q1 和 Q5 的价值增长

3.2.3 波动率和尾端风险的 alpha

作为绩效考核的一个重要组成部分，我们有兴趣测量 VOL 和 ECVaR 的 5 个投资组合的风险调整后的阿尔法(alpha)。这里我们对 VOL 和 ECVaR 分别构建一个零投资组合：(Q5-Q1)，即买 Q5；卖 Q1。我们对投资组合(Q5-Q1)的收益率以及 Carhart(1997)4 个因子进行回归分析来衡量(Q5-Q1)的阿尔法。这 4 个因子包括 3 个 Fama-French(Fama 和 French，1993)因子，再加上动量因子(Jegadeesh 和 Titman，1993)。第二个基准是同类基金的平均。阿尔法是回归的截距。阿尔法的 t-统计即回归截距的 t-统计。回归结果显示在表 3.2.3。

对表 3.2.3 A 组的 VOL 来说，16 个阿尔法中 13 个为负，阿尔法没有一个是显著正的，甚至对平衡类基金在 1% 的水平上是显著的负。结果证实了波动性没有得到补偿。

相比之下，在 B 组的 ECVaR，所有 16 个阿尔法是正的，其中一半的阿尔法是在 5% 的水平上显著。全部美国股票基金的(Q5-Q1)组合的阿尔法是每年 2.65%，t-统计为 2.82。它证实了尾端风险溢价是显著的正的。

表 3.2.3　**美国和非美国股票基金的波动率阿尔法和尾部风险阿尔法**

(1985 年 1 月至 2011 年 9 月)

A 组：波动率阿尔法				
	Carhart 阿尔法	t-stat	同类基金阿尔法	t-stat
美国股票基金	-0.25%	-0.26	-1.59%	-0.88
美国大盘股基金	0.66%	0.83	-0.71%	-0.56
美国中盘股基金	-0.24%	-0.18	-2.57%	-1.39
美国小盘股基金	-1.71%	-1.27	-4.77%	-2.32
美国平衡股基金	-1.75%	-3.03	-1.68%	-1.62
美国成长股基金	-0.13%	-0.13	-1.61%	-1.02

续表

	Carhart 阿尔法	t-stat	同类基金阿尔法	t-stat
美国价值股基金	0. 24%	0. 33	0. 43%	0. 45
非美国股票基金	-1. 61%	-0. 92	-3. 61%	-2. 21

B 组：尾部风险阿尔法

	Carhart 阿尔法	t-stat	同类基金阿尔法	t-stat
美国股票基金	2. 65%	2. 82	2. 44%	2. 63
美国大盘股基金	1. 87%	2. 42	1. 31%	1. 70
美国中盘股基金	2. 14%	1. 95	1. 88%	1. 59
美国小盘股基金	2. 25%	1. 89	3. 12%	2. 35
美国平衡股基金	1. 67%	2. 45	1. 89%	2. 51
美国成长股基金	1. 41%	1. 57	1. 01%	1. 12
美国价值股基金	1. 82%	2. 48	2. 10%	2. 57
非美国股票基金	2. 82%	1. 70	1. 79%	1. 12

3. 2. 4 Fama-MacBeth 回归分析

现在我们用标准 Fama-MacBeth(1973)回归来研究尾端风险对基金未来的收益的影响。从 1985 年 1 月至 2011 年 9 月的每一个月，我们运行一个简单的横截面回归，未来一个月基金的回报为因变量(y)，过去 5 年的波动性和尾端风险为独立变量（x）。我们用过去 60 个月的收益数据来估计每个基金的波动性或尾端风险。这为我们提供了 321 个月的斜率系数以及与相关的标准误差的估计。然后，我们汇总了这些跨越时间的斜率系数估计。

表 3. 2. 4 显示了平均斜率系数和相关的 t-统计(括号内)。正如预期的那样，VOL 在 5% 的水平没有显著的正相关的系数。对 ECVaR 而言 3 个类别的系数显著。请注意，ECVaR 的负系数被解

表 3.2.4　　美国和非美国股票基金的 Fama-MacBeth 回归（1985 年 1 月 - 2011 年 9 月）

	全部美国股票基金	大盘股票基金	中盘股票基金	小盘股票基金	平衡型股票基金	成长型股票基金	价值型股票基金	非美国股票基金
VOL	0.04	0.06	0.05	-0.03	-0.02	0.04	0.05	-0.03
	(0.60)	(0.96)	(0.82)	(-0.43)	(-0.36)	(0.80)	(0.93)	(-0.62)
ECVaR	-0.08	-0.06	-0.04	-0.05	-0.09	-0.01	-0.06	-0.06
	(-2.79)	(-2.17)	(-1.46)	(-1.81)	(-3.55)	(-0.48)	(-2.41)	(-1.51)

释为：尾端风险越高，预期回报也越高。

综上所述，我们的 Fama-MacBeth 分析与先前的结果是一致的。我们发现，整体而言，尾部风险与未来基金回报显著相关。

3.2.5 基金的 β 与 Coskewness

到目前为止，我们对波动性（VOL）和尾端风险（SKEW 和 ECVaR）的测量都是基于总收益率，而不是总收益率的系统部分（systematic component）。在本节中，我们探讨波动性和尾端风险的系统部分是否与总收益率的结论一致。VOL 和 SKEW 的系统变量分别是 β 和协偏度（coskewness）。ECVaR 的系统性风险不太容易构造。因此，我们用 coskewness 来表示尾端的系统风险。Harvey 和 Siddique（2000）定义标准的 coskewness 为：

$$
\begin{aligned}
&\text{Coskewness} = \frac{E[\varepsilon_{i,t}\varepsilon_{M,t}^2]}{\sqrt{E[\varepsilon_{i,t}^2]}\ E[\varepsilon_{M,t}^2]} \\
&\varepsilon_{i,t} = r_{i,t} - r_{ft} - \beta_i(r_{M,t} - r_{ft}) \\
&\varepsilon_{m,t} = r_{M,t} - avg(r_{M,t})
\end{aligned}
\tag{1}
$$

$\varepsilon_{i,t}$ 是在 t 时间基金的超额收益与同期市场超额收益的回归的剩余量。$\varepsilon_{m,t}$ 是在 t 时间市场回报率超过市场平均回报的量。负的 coskewness 意味着对投资组合的偏度的贡献是负的。Harvey 和 Siddique（2000）认为更负面的 coskewness 的股票应该有更高的预期收益。

图 3.2.5 显示了美国股票基金的 β 和 coskewness 的风险回报权衡。在风险调整的基础上，β 没有得到补偿（因为 Q5 的夏普比率是最低的）。另一方面，coskewness 的溢价（Q5-Q1）为 1.85%，比 ECVaR 的溢价（2.67%）低一点。图 3.2.5 显示了，β 和 Coskewness 组合的 Q1 和 Q5 的美国股票基金的价值增长。图 3.2.5 和图 3.2.6 的结果基本上与图 3.2.1 和图 3.2.2 分别是一致的。对非美国股票基金的 β 和 coskewness 分析显示了类似的结果。

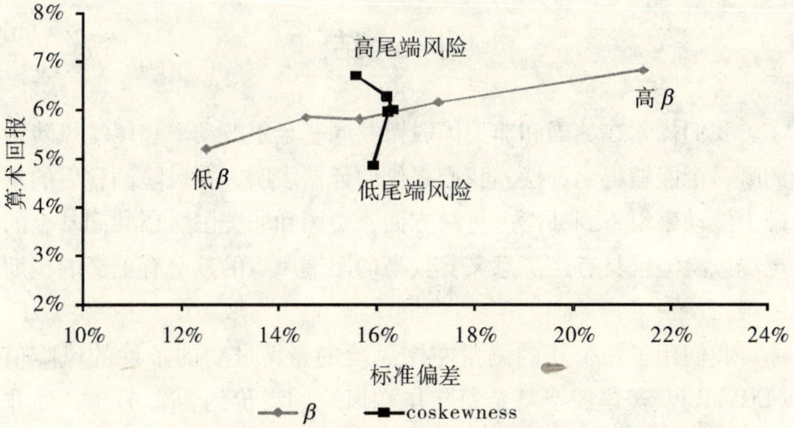

图 3.2.5　美国股票基金的 5 个 β 组合和 5 个 Coskewness 组合的风险与回报的关系(1985 年 1 月至 2011 年 9 月)

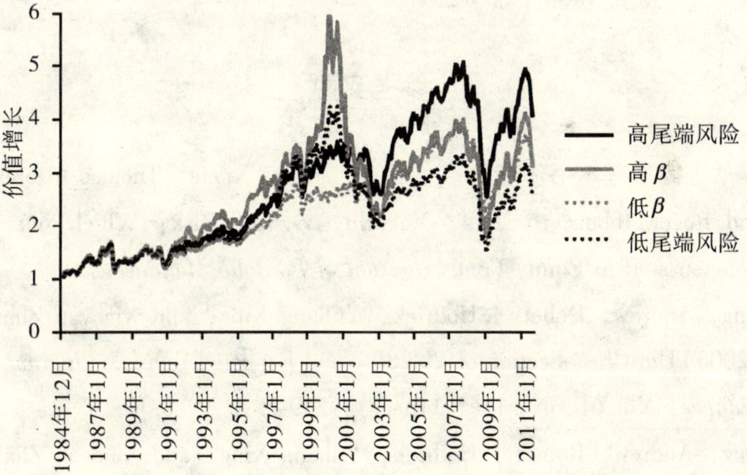

图 3.2.6　美国股票基金的 β 组合和 Coskewness 组合 Q1 和 Q5 的价值增长

小　结

我们探索在美国和非美国股票共同基金里波动率和尾端风险中的哪一个能够得到补偿。我们提供的证据表明，在风险调整后的基础上波动率得不到补偿。另一方面，美国和非美国股票共同基金的尾端风险溢价具有经济意义。较高的尾端风险的基金有更高的预期回报。

我们用了一个新的测量左尾风险的量，过剩的条件的风险值（ECVaR）。美国股票基金每年尾端风险的溢价约为2.67%，而非美国股票基金每年则为2.50%。

最后，我们对波动性和尾端风险的系统变量基金β和Coskewness的分析后确认波动率没有补偿，但尾端风险能够得到补偿。

参考文献

本章主要参考本书作者合著的论文：James Xiong，Thomas Idzorek，and Roger Ibbotson（2014）Volatility vs. Tail Risk：Which one is Compensated in Equity Funds. *Journal of Portfolio Management*.

Ang，Andrew，Robert J. Hodrick，Yuhang Xing，and Xiaoyan Zhang（2006）The Cross-Section of Volatility and Expected Returns. *Journal of Finance*，Vol. 61，No. 1（February）：259-299.

Ang，Andrew，Robert J. Hodrick，Yuhang Xing，and Xiaoyan Zhang（2009）High Idiosyncratic Volatility and Low Returns：International and Further U. S. Evidence. *Journal of Financial Economics*，Vol. 91，No. 1（January）：1-23.

Ang，Andrew，Joseph S. Chen，and Yuhang Xing（2006）Downside

Risk. *The Review of Financial Studies*, Vol. 19, Issue 4: 1191-1239.

Baker, Malcolm, Brendan Bradley, and Jeffrey Wurgler (2011) Benchmarks as Limits to Arbitrage: Understanding the Low-Volatility Anomaly. *Financial Analysts Journal*, Volume 67, Number 1, 40-54

Bawa, V. S. and E. B. Lindenberg(1977) Capital Market Equilibrium in a Mean-Lower Partial Moment Framework. *Journal of Financial Economics*, 5: 189-200.

Blitz, David C., and Pim van Vliet(2007) The Volatility Effect: Lower Risk without Lower Return. *Journal of Portfolio Management*, Vol. 34, No. 1 (Fall): 102-113.

Carhart, M. M. (1997) On persistence in mutual fund performance. *Journal of Finance* 52: 57-82.

Fama, Eugene F. (1965) The Behavior of Stock-Market Prices. *Journal of Business*, Vol. 38, No. 1 (January): 34-105.

Fama, E. F., MacBeth, J. (1973) Risk, return and equilibrium: empirical tests. *Journal of Political Economy* 81: 607-636.

Frazzini, Andrea, and Lasse H. Pedersen(2010) Betting against Beta. Working paper, New York University (October).

Harvey, Campbell R., and Akhtar Siddique (2000) Conditional skewness in asset pricing tests. *Journal of Finance* 55: 1263-1295.

Hsu, Jason C., Hideaki Kudoh and Toru Yamada(2013) When Sell-Side Analysts Meet High-Volatility Stocks: An Alternative Explanation for the Low-Volatility Puzzle. *Journal of Investment Management*, forthcoming.

Jarque, Carlos M.; Bera, Anil K. (1980) Efficient tests for normality, homoscedasticity and serial independence of regression residuals. *Economics Letters* 6 (3): 255-259.

Jegadeesh, N., and S. Titman(1993) Returns to Buying Winners and Selling Losers: Implications for Stock Market Efficiency. *Journal of Finance*, 48: 65-91.

Kraus, Alan, and Robert H. Litzenberger (1976) Skewness preference and the valuation of risk assets, *Journal of Finance* 31: 1 085-1 100.

Mandelbrot, Benoit B. (1963) The Variation of Certain Speculative Prices. *Journal of Business*, Vol. 36, No. 4 (October): 394-419.

Moreno, David, and Rosa Rodríguez (2009) The value of coskewness in mutual fund performance evaluation. *Journal of Banking and Finance* 33, 1 664-1 676.

Rachev, Svetlozar, Christian Menn, and Frank J. Fabozzi (2005) *Fat-Tailed and Skewed Asset Return Distribution-Implications for Risk management, Portfolio Selection, and Option Pricing.* Published by John Wiley & Sons, Inc.

Rockafellar, R. Tyrrell and Stanislav Uryasev (2000) Optimization of Conditional Value-At-Risk. *The Journal of Risk*, Vol. 2, No. 3: 21-41.

附录　股票基金的非正态分布

众所周知，许多金融资产类别的回报不服从正态分布。第一部分第三章讲到正态分布可能大大低估尾端风险。表 3. 2. 5 清楚地表明，大部分美国股票基金及非美国基金表现出非正态分布。其中美国股票基金的中位数偏度和峰度分别为 -0. 59 和 4. 35，远远超出正态分布。Jarque-Bera（1980）测试表明，约 84% 的美国股票基金及非美国基金不符合正态分布。

表 3. 2. 5　　**美国和非美国股票基金的非正态分布测试**

	基金数目	中位数偏度	中位数峰度	非正态百分比
美国股票基金	3 389	-0. 59	4. 35	84. 21%
美国大盘股基金	1 992	-0. 62	4. 28	84. 54%
美国中盘股基金	668	-0. 59	4. 69	86. 98%
美国小盘股基金	729	-0. 52	4. 24	80. 80%

续表

	基金数目	中位数偏度	中位数峰度	非正态百分比
美国平衡股基金	1 275	-0.64	4.32	85.88%
美国成长股基金	1 392	-0.49	4.19	79.45%
美国价值股基金	722	-0.67	4.67	90.44%
非美国股票基金	1 055	-0.62	4.54	84.17%

3.3　期权或期货规避尾端风险的策略

随着衍生工具的快速发展，越来越多的衍生产品被开发用来规避尾端风险。在这一章里，我们讨论几种常见的用来规避尾端风险的期权或期货策略，如基于S&P 500指数看涨期权和看跌期权的上下限期权、VIX期货、VIX看涨期权等。

3.3.1　上下限期权(Collar)

上下限期权可以由持有证券，购买一个保护性看跌期权，卖一个看涨期权来建立。持有的证券可能是股票，交易所买卖基金，一篮子股票或指数。一般而言，看跌期权和看涨期权都可以是价外期权(out-of-the-money)，且有相同的到期月份和相同数量的合同。用上下限期权的主要目的是保护相关股份的累计的利润，而不是增加上行回报。换句话说，投资者预计未来市场有大跌风险时可以考虑collar策略。

这种交易策略由下面三部分组成：

1. 买入股票；
2. 买价外看跌期权（put）；
3. 卖价外看涨期权（call）。

举个例子来解释。投资者持有100股XYZ的股票。目前(6月)交易价为48美元。他决定建立一个Collar：卖7月行权价格

(strike price)为50美元价值为2美元的call，同时买入7月行权价格为45美元价值为1美元的put。

他为100股XYZ支付了＄4 800，另外付了100美元买put，但卖call收到200美元，他总投资4 700美元。

在到期日，假设股价已上涨到53美元。Call的行权价格为50美元，低于股票的交易价格，投资者交易出售股份但只得5 000美元。最后利润为300美元(5 000减去原始投资4 700美元)。

然而，如果股票价格跌43美元，情况怎样呢？100股XYZ股票现在值4 300美元，但put值200美元。因此，他的净亏损只有200美元(＄4 500减去原始投资4 700美元)。

Collar策略能够规避尾端风险，但总体来讲，它往往相对昂贵，因为在高波动性期间看跌期权的隐含波动率高。因此，投资者往往采取主动的collar策略：根据目前市场和宏观经济的形势决定是否用collar策略。下面我们看一个芝加哥期权交易所(CBOE)推出的collar指数。

2008年9月，CBOE推出了标准普尔500指数的95-110 collar指数(CLL[SM])，旨在向投资者表明如何在市场下跌时保护投资在S&P500指数的成分股票。它的要点是为了获得S&P500指数损失的下限，而接受S&P500指数正收益的上限。该指数的被动策略需要：

1. 持有标准普尔500指数的成分股股票；

2. 购买3个月的S&P500指数(SPX)看跌期权，以保护S&P500组合下跌的损失；

3. 卖出1个月S&P500指数(SPX)看涨期权，以帮助看跌期权的融资。

术语“95-110”是用来描述CLL指数。3个月的看跌期权的行使价是购买的时候S&P500指数值的95%(换句话说，看跌期权约5% out-of-the-money)。1个月的看涨期权的行使价是购买的时候S&P500指数值的110%(换句话说，看涨期权约10% out-of-the-money)。芝加哥期权交易所(CBOE)S&P500指数95-110 collar指数(CLL)开始日是1986年6月30日，它的初始指数值为100。

图3.3.1显示了S&P 500指数和CLL指数从1986年至2013年的业绩表现比较。可以清楚地看出在这27年里CLL的总回报要较S&P 500低，但CLL的波动性和下行风险也低。

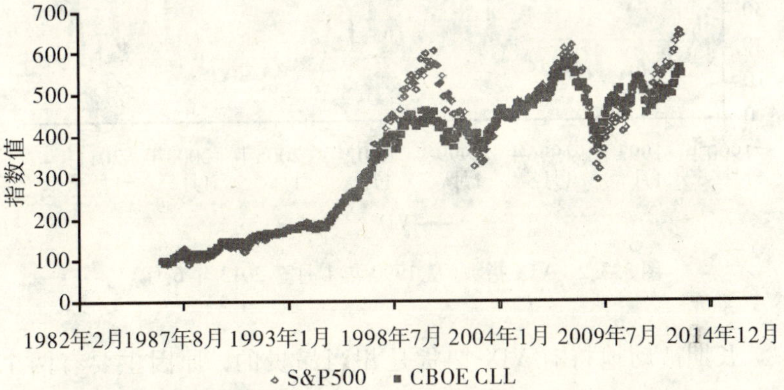

图3.3.1　S&P 500指数和CLL指数从1986年至2013年的业绩表现比较(1986年6月值为100)

3.3.2　VIX期货

VIX指数，是由芝加哥期权交易所（CBOE）推出的基于S&P500指数的期权的实时价格的指数。它反映了投资者对未来30天预期股票市场的波动率。图3.3.2显示了从1990年1月至2013年6月的VIX指数。可以看到在2008年10月金融危机期间，VIX指数飙升。VIX越高，表示市场参与者预期后市波动程度会更加激烈同时也反映其不安的心理状态；相反的，VIX越低，则反映市场参与者预期后市波动程度会趋于缓和的心态。因此，VIX又被称为投资人恐慌指标(fear gauge)。

VIX期货合约是在2004年推出。这些期货涵盖不同期限，它的期限结构类似于固定收益市场上的利率。持有至到期的VIX期货一般是现金结算，它直接承受30日隐含标准普尔500指数的波动的风险。正如预期的那样，市场恐慌时波动率趋于上升，使得VIX期货成为规避投资组合风险的有力工具。

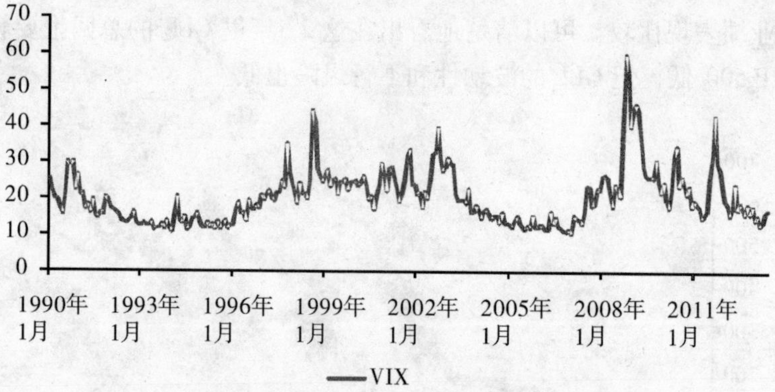

图 3. 3. 2　VIX 指数(从 1990 年 1 月至 2013 年 6 月)

长期被动地持有 VIX 期货是相当昂贵的，原因主要有两个(Cristea 和 Groth，2013)：

- 负利差(negative carry)
- 波动率均值回归特性(mean reversion properties of volatility)

负利差是 VIX 期货的期限结构的函数。由于 VIX 长期结构一般是正斜率(即“价差”，“in contango”)，每次一个成熟的 VIX 指数期货合约被替换为一个新的较长期的合约，投资者倾向于低卖高买。

此外，波动性均值回归特性往往意味着投资者需要采取主动的方法来获取 VIX 期货在 VIX 飙升后的收益。更具体地说，在金融危机后被动持有 VIX 期货经历了重大的损失，因为股市隐含波动率降低至长期平均值，波动率期限结构恢复到正价差。作为一个极端的例子，如果投资者持有从 2008 年 9 月 22 日到 2008 年 11 月 20 日的 VIX 指数期货合约，利润将是 351%，但如果继续持有后面 3 年的 VIX 指数期货合约，投资者将不仅失去所有的 351% 的利润，还要失去 82% 的初始资本。

主动管理的 VIX 期货策略可能缓解这些问题。例如，我们可以等到 VIX 升到一定的值才投资 VIX 期货，或等 VIX 降到某个值时就退出。不过，使用这样的策略也面临一定风险，如它不能规避每次的突发事件以及其他实施方面的挑战。

3.3.3 CBOE VIX 规避尾端风险指数

VIX 看涨期权可以是一个有力的规避尾端风险的工具。尾端风险通常指市场突然损失 20% 以上的风险。VIX 看涨期权能规避这样的尾端风险的原因，是这些期权在市场大幅动荡期间能产生高回报。例如 2008 年 10 月，在信贷危机的高峰，VIX 看涨期权的回报介于 1 600%（对 50-delta 而言）到近 6 500%（对 10-delta 而言）。在金融危机期间 VIX 看涨期权和股票强烈的负相关关系是吸引股票和信贷投资组合经理的主要原因。为了给规避尾端风险的策略提供一个参考，芝加哥期权交易所®（CBOE®）已开发出一种新的叫 CBOE VIX Tail Hedge Index℠（VXTH℠）的指数。

VIX 期权的相关资产，是预期的在到期日的 VIX 值，而不是目前的 VIX 值（spot）。VIX 预期值的估计是使用那些在到期日结算 VIX 合约的 SPX 期权的价格，而不是用来计算现值 VIX 的那些 SPX 期权。例如，在 2006 年 5 月到期的 VIX 期权将基于 30 天后期满的 SPX 期权，即 2006 年 6 月 SPX 系列。事实上，6 月 SPX 期权一直到 2006 年 4 月 17 日才进入现在 VIX 值的计算。有些 VIX 期权投资者用 VIX 期货的价格来获得市场是如何估计预期的 VIX 值的。

VXTH 跟踪一个 S&P500®指数的投资组合外加一定数量的 VIX 看涨期权（期限为 1 个月，delta 为 30）。选择 delta 为 30 的原因是因为它们覆盖适度的范围。期权到期后，换成新的期权，这个过程称为滚动更新（roll）。为了减少对冲成本，每次更新时 VIX 看涨期权的购买数量取决于“黑天鹅”事件发生的可能性。从历史上看，股市下跌与预期波动相关。股市大跌很少发生在 VIX 非常低或非常高的水平，它更加频繁地出现在中间水平（15 ~ 50）。因此，如果 VIX 位于这段区间（15 ~ 50）之外，VXTH 不购买 VIX 看涨期权。VIX 在 15 和 30 之间时，VIX 看涨期权的购买数量增加至整个投资组合的 1%，从 30 到 50，减为 0.5%。最大数量仅为 1%，因为

VIX 看涨期权的杆杠功能，这种设计提供了一个高效的尾端风险规避方法。

在 2008 年 10 月，VXTH 赚了 1.48%，而 S&P500 指数却下跌了 16.94%。这个月 VIX 看涨期权显示了其独特的功能。缺点是它削减了大多数非危机期间的回报率。S&P500 指数在非危机期间的月平均收益率为 0.70%，而 VXTH 为 0.59%，可以理解成尾端风险的保险费用为 11 个基点。

图 3.3.3 显示 VXTH 和标准普尔 500 指数从 2006 年 3 月至 2013 年 8 月的价值增长。两个指标从 2006 年至 2008 年 3 月保持相当接近，因为这段期间 VIX 低，不需要购买 VIX 看涨期权。从 2008 年 9 月开始，信贷危机爆发，VXTH 上升至 1%，波动率的上升助长了 VXTH 的收益。这让 VXTH 超越 S&P500 指数，到 2013 年 VXTH 仍然保持它的优势。

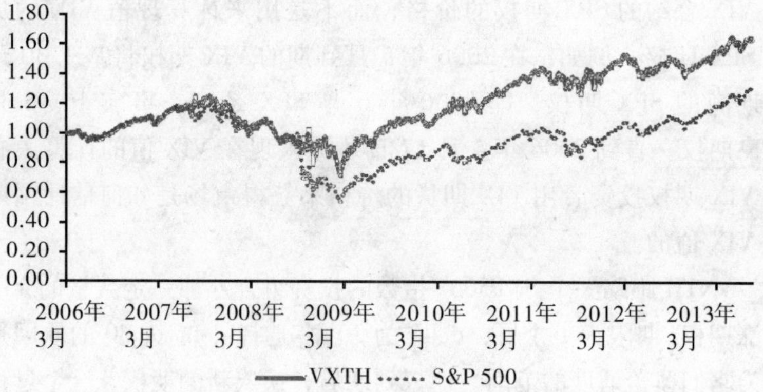

图 3.3.3　VXTH 和标准普尔 500 指数 从 2006 年 3 月至 2013 年 8 月的价值增长

表 3.3.1 显示了 3 个指数在 S&P500 指数波动大的月份的月收益率(2006 年 4 月至 2012 年 1 月)，包括金融危机期间的几个月。结果与我们预期的基本一致，CLL 和 VXTH 都能对下行风险提供保护，但都得放弃一些正收益。

表 3.3.1 **3 个指数在 S&P500 指数波动大的月份的月收益率**

(2006 年 4 月至 2012 年 1 月)

	S&P 500	CLL	VXTH
2008 年 10 月	-16.8%	-3.8%	6.1%
2009 年 2 月	-10.6%	-5.4%	-10.7%
2008 年 9 月	-8.9%	-6.8%	-2.3%
2010 年 9 月	8.9%	5.4%	8.1%
2009 年 4 月	9.6%	5.6%	8.6%
2011 年 10 月	10.9%	4.9%	9.1%

3.3.4 VIX 看涨期权与 S&P 500 的看跌期权

我们简要比较一下 VIX 看涨期权与 S&P 500 的看跌期权。前面讲到，这两种期权都有规避尾端风险的功能。我们要问：哪一个更有效呢？Szado(2009) 分析了在不同市场收益条件下的 S&P 500 和 VIX 指数的负相关关系发现，市场越糟糕时，它们的负相关性往往越强，也就是说 VIX 看涨期权能提供更强的保护。这表明，VIX 看涨期权比 S&P 500 的看跌期权更能有效地对投资组合提供多元化利益。

小　结

Collar 策略能够规避尾端风险，但总体来讲，它往往相对昂贵，因为在高波动性期间看跌期权的隐含波动率高。因此，投资者往往采取主动的 collar 策略：根据目前市场和宏观经济的形势决定是否用 collar 策略。

VIX 期货和 VIX 期权都能对资产的下行风险提供保护。因为负利差和波动率的均值回归特性，长期被动地持有 VIX 期货是相当昂贵的。主动管理的 VIX 期货策略可能缓解这些问题。不过，主动管理的策略也面临一定风险，如它不能规避每次的突发事件以及其他实施方面的挑战。

VIX 看涨期权能规避这样的尾端风险的原因，是因为这些期权在市场大幅动荡期间能产生高回报。与 VIX 期货类似，VIX 看涨期权也应该采用主动型管理。从历史上看，股市下跌与预期波动相关。股市大跌很少发生在 VIX 非常低或非常高的水平，因此在这两种情况下，一般不用 VIX 看涨期权。主动管理策略的风险也是对市场的突发事件反应不过来。

市场表现越糟糕时，S&P 500 和 VIX 指数的负相关性往往越强，也就是说，VIX 看涨期权比 S&P 500 的看跌期权更能有效地对投资组合提供多元化利益。

参考文献

Cristea, Nicolae and Todd Groth (2013) VIX futures, Treasuries and tail hedging. *Pensions & Investments*.

Szado, Edward (2009) VIX Futures and Options-A Case Study of Portfolio Diversification During the 2008 Financial Crisis.

3.4 动态资产配置与风险控制策略

动态资产配置是指基于市场的情况，动态地调整投资者长期的战略资产配置。它的目的是尽可能地利用所有相关的市场信息让投资收益超出基准(benchmark)，同时降低风险，包括尾端风险。在这一章里，我们用与股票市场密切相关的两个量来动态地调整资产配置：市场波动率和市场流动性。我们把重点放在市场流动性，因为它能提供更多的信息。

3.4.1 基于市场波动率的动态调整

投资者可以根据市场波动率来动态地调整资产配置。其方法是当市场波动率增加时，减持股票类资产，增加债券类资产；反之亦然。投资者将这种方法称为定位波动(target volatility)，即让投资组合的波动率保持不变。人们往往用市场前期的波动率或期权市场的隐含波动率来预测下一期的波动率。这种方法在保险业界很流行，因为它简单，也容易实行。另外，保险企业更注重的是降低风险，而把增加收益放在其次。

该方法依赖于两个基本的市场经验事实：(1)市场波动率和回报有较强的负相关性；(2)高或低的波动性往往持续一段时间。近期市场的历史已基本验证了这些经验事实，如高度波动的2008年底的市场崩溃和20世纪90年代的收益率平静期。在这两个时期中，我们可以清楚地观察到高或低的波动会持续一段时间。

图3.4.1显示了用VIX预测下个月S&P 500指数收益率的情形。可以看到，总体来讲，VIX没有预测能力，因为它们之间的斜率几乎为零。但如果只看VIX小于15%的那段区间，我们可以看出S&P 500的收益率平均来说是正的。这说明在VIX较低的情况下，S&P 500的收益率较高。这是定位波动策略能带来好处的原因

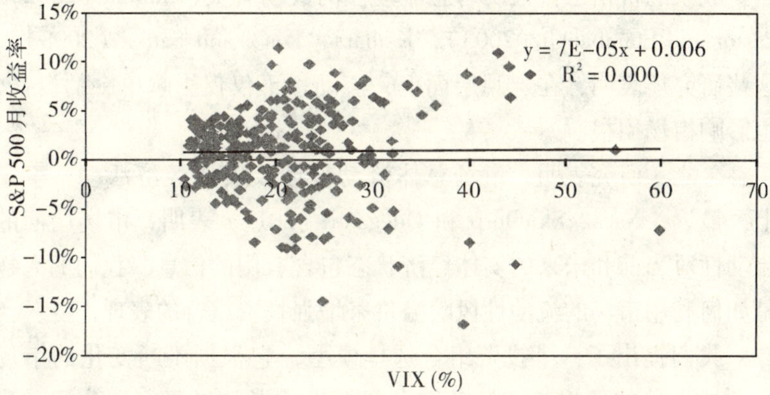

图3.4.1　VIX与下个月S&P 500指数收益率的关系

之一。

然而，有时定位波动可能不是一个很好的策略，主要原因是市场面临跳跃风险。市场的大幅波动，让定位波动不能立即作出反应，导致其表现不佳。例如1987年10月19日的全球股灾，很多市场一天损失超过20%以上。等定位波动策略反应过来，投资者已遭受损失。

3.4.2 基于市场流动性的动态调整

在微观层面上，流动性通常指交易的速度和交易对市场的冲击。Amihud和Mendelson(1986)使用买卖价差衡量流动性，测试在1961—1980年期间股票的回报和流动性之间的关系。他们发现符合流动性溢价的概念。Datar，Naik和Radcliffe(1998)使用周转率(交易的股数除以流通在外股数)作为流动性的代理变量，发现股票回报率与其周转率有很强的负相关关联。使用回报的自相关(autocorrelation)作为流动性不足的代理，Khandani和Lo(2011)表明，流动性的溢价一般显著地为正，对对冲基金和固定收益共同基金而言从每年2.74%到9.91%之间不等。总的来说，这些结果支持流动性溢价的概念，即低的流动性具有高的预期回报。

整个市场的流动性也被证明是一个重要的资产定价的状态变量。股票的价格已被证明与总流动性的波动有关(Amihud（2002），Pastor and Stambaugh（2003），Kamara，Lou，and Sadka（2008））。这些研究还表明，在宏观层面上，流动性不仅仅影响单一的资产，也影响市场回报。

总之，研究表明，市场总体流动性涉及实体经济活动。事实上，最近，Naes，Skjeltorp和Ødegaard（2011）表明，市场层面的流动性对当前和未来的实体经济状态包含有用的信息。我们的兴趣是如何利用市场的流动性风险溢价来增强投资组合的表现。

我们提出了一个投资组合选择模型，它根据不断变化的市场流动性溢价的环境和市场条件来调整投资者的投资组合分配。我们发现市场流动性的变化的确给动态资产分配提供了一个有用的指标。

我们采用 Amihud(2002)的公式来计算非流动性，先计算每个股票在每个月的非流动性：

$$\text{Amihud}_{it} = \ln\left(\frac{1}{t}\sum_{t}\frac{1\,000\,000 \times |\text{return}_t|}{\text{price}_t \times \text{volume}_t}\right) \quad (3.4.1)$$

其中 t 是某个月内的一个交易日。市场水平的非流动性就是对这些个股非流动性的算术平均。Amihud 方法是衡量流动性不足和成交量对价格的影响。需要注意的是较高的 Amihud 值意味着流动性不足或流动性较低。我们按照上述定义计算所有在纽约证券交易所交易的股票的 Amihud 非流动性，研究期间是从 1963 年 1 月至 2010 年 9 月。

为了说明流动性或非流动性作为信号的有效性，我们采用一个简单的两个资产组合选择模型，包括股票和债券。基准和动态投资组合结构如表 3.4.1A 所示。表 3.4.1B 表示我们采用的特定资产类别。前 6 行显示了 6 种权益类资产。第 7 行是巴克莱美国政府/信贷 1~3 年债券。我们利用一个简单的高流动性溢价/低流动性溢价信号来构建两个资产类别的动态资产配置（DAA）的组合，当流动性溢价较高时，未来股票市场对投资者有利，我们将组合里的股票增加。动态资产配置里其中一个类别是这 6 种股票权益类资产中的任何一种，另一种就是固定的 1~3 年政府/信贷债券。我们根据下面描述的一个简单的流动性信号来调整资产配置。然后，我们把 DAA 的业绩与静态的投资组合配置（SAA）的业绩进行比较。在所有情况下，我们使用总收益率，并每月对投资组合进行调整配置。

表 3.4.1A　　基准和动态资产组合选择模型

基准（benchmark）	高流动性溢价组合	低流动性溢价组合
50% 股票 / 50% 债券	60% 股票 / 40% 债券	30% 股票 / 70% 债券

表 3.4.1B　　资产类别及其指数

美国大盘成长型（LG）——美国大盘成长股	Russell 1000 Growth
美国大盘价值型（LV）——美国大盘价值股	Russell 1000 Value
美国小盘成长型（SG）——美国小盘成长股	Russell 2000 Growth
美国小盘价值型（SV ）——美国小盘价值股	Russell 2000 Value
REIT——美国房地产投资信托基金	FTSE NAREIT Equity REITs
EAFE——美国以外发达市场	MSCI EAFE
Bonds——美国短期债券	BarCap US Govt/Credit 1-3 Yr

在每个月，我们首先计算市场的流动性风险，并以此决定选择哪个 DAA 组合(是60%股权还是30%股权)。在这里，投资组合的资产分配取决于两种可能的状态：低预期流动性溢价和高预期流动性溢价。表 3.4.2 所示两个市场状态的阈值。为了减少交易、测量计算，我们对市场流动性(Amihud 值)进行了 6 个月的平均。

流动性风险状态的阈值选择很简单，它让动态投资组合的平均股权分配和静态基准投资组合的股权分配一致。也就是说，SAA 和 DAA 组合在整个测试期间的平均资产配置都是 50%股票/50%债券。SAA 在每个月里都是 50%股票/50%债券，但 DAA 在每个月里都可能不同。

图 3.4.2 画出了随着时间推移的 Amihud 非流动性，以及固定的阈值(-0.065)。当 Amihud 非流动性大于这个阈值时，我们认为市场处于低流动性状态(这时流动性溢价高)，因此 DAA 选择 60% 股权类资产。反之，当 Amihud 非流动性小于这个阈值时，我们认为市场处于高流动性状态(低流动性溢价)，因此 DAA 选择 30% 股权类资产。在理论上，市场处于低流动性状态时，投资者给市场提供了流动性，从而应该得到补偿，此为高流动性溢价。

图 3.4.3 显示了用市场 Amihud 非流动性预测下个月 S&P 500 指数收益率的情形。我们可以看到一个显著的正斜率，它表明市场流动性越差，未来市场收益率越好。总体来讲，Amihud 非流动性的预测能力比 VIX 强。部分原因是 Amihud 非流动性包含了交易量

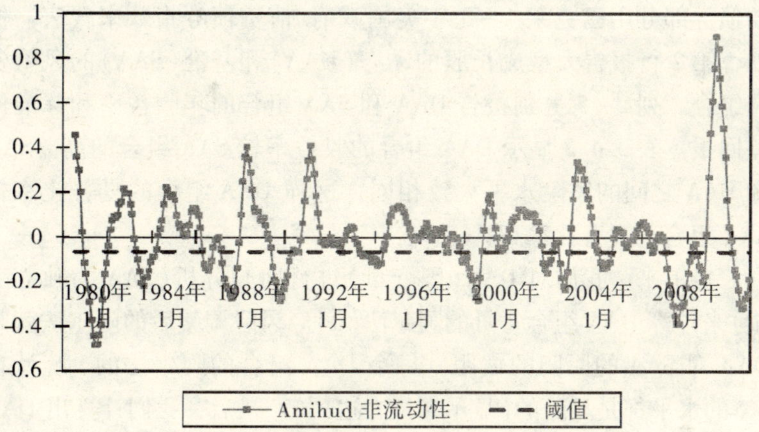

图 3.4.2　股票市场的 Amihud 非流动性（1980—2010 年）

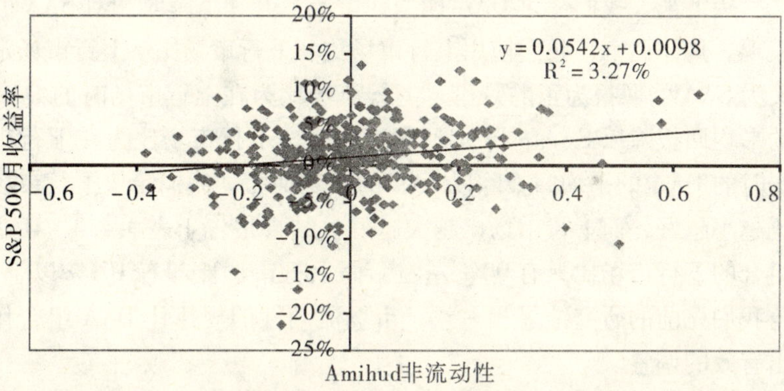

图 3.4.3　Amihud 非流动性 与下个月 S&P 500 指数收益率的关系

的信息(见公式 3.4.1 的分母)。

我们每月重新调整 DAA 和 SAA 的投资组合。我们假设动态资产配置组合的交易成本约为 0.1%。

DAA 和 SAA 的结果列于表 3.4.2，表中数据按年率计算。样本期间为 1980 年 12 月至 2010 年 9 月。表 3.4.2 中的每一行代表我们6个相关的风险资产投资组合之一。如前所述，所有投资组合的债券部分用巴克莱1~3年美国政府/信贷债券指数来代表。例如，第2行报告大型成长股的动态(DAA)和基准(SAA)的风险资产组合。列2~5分别报告DAA和SAA组合的年收益率和标准偏差回报。表3.4.2显示DAA组合的收益率较SAA组合的高。SAA和DAA之间的风险水平大致相同，这样DAA组合的夏普比率较SAA组合的夏普比率高。

接下来，我们对DAA(因变量)进行回归分析(SAA为独立变量)来计算DAA组合每月的阿尔法(α)。风险调整后的阿尔法就是DAA对SAA的回归的截距。每个DAA组合的阿尔法的t-统计在5%的水平都是显著的(显示在最右边列)。最后，我们计算出DAA组合的每月的周转率约为每月5.9%，或每年71%。这些结果支持了我们的观点，即市场流动性变化，随着时间的推移，可以用来提高投资组合的业绩。

接下来，我们探讨DAA模型在市场上升和下降时相对SAA的表现。具体而言，我们使用上行市场比和下行市场比。上行市场定义为SAA的回报为正的月份。上行市场比为在上行市场时的DAA的平均回报除以SAA的平均回报，同理，下行市场比为在下行市场时的DAA的平均回报除以SAA的平均回报。我们希望下行市场比越小越好，而上行市场比越大越好。结果报告于表3.4.3。DAA组合的下行市场比只有90%左右，而上行市场比却有101%以上。与我们先前的研究结果相一致，市场流动性的规律让DAA组合作出有效的调整。

接下来，我们进一步探讨三个最近的市场恐慌时期：1987年10月“黑色星期一”，2000——2001年TMT崩溃，2008——2009年全球金融危机期间，DAA组合的相对表现。在表3.4.3中，我们发现在这三个动荡时期，DAA组合比SAA组合表现要好。

总之，这些结果支持了我们的观点，即市场流动性变化可以用来提高投资组合。我们还注意到，虽然DAA和SAA组合的回报的标准偏差大致相等，但DAA的下行风险只有SAA的90%。DAA组合还能减少最大跌幅。

表 3.4.2　　动态资产配置和静态资产配置的业绩比较（1980 年 12 月至 2010 年 9 月）*

	DAA(Er)	DAA(Std)	SAA(Er)	SAA(Std)	DAA(Sharpe)	SAA(Sharpe)	Alpha	t-stat
LG	10.48%	9.17%	9.06%	9.12%	0.71	0.55	1.62%	3.28
LV	10.97%	7.76%	9.93%	7.76%	0.90	0.76	1.35%	3.16
SG	10.64%	11.78%	8.42%	11.65%	0.56	0.38	2.31%	3.64
SV	12.11%	8.69%	10.65%	8.82%	0.93	0.75	1.94%	3.86
REIT	11.71%	9.06%	10.41%	8.90%	0.85	0.72	1.41%	2.91
EAFE	10.28%	9.05%	9.38%	9.06%	0.69	0.59	1.23%	2.44

* 所有数值的时间周期为 1 年。

表 3.4.3　　动态资产配置和静态资产配置在下行市场的表现（1980 年 12 月至 2010 年 9 月）

	下行市场比	上行市场比	DAA1987 年 10 月	SAA1987 年 10 月	DAA2000 年 4 月至 2001 年 12 月	SAA2000 年 4 月至 2001 年 12 月	DAA2008 年 9 月至 2009 年 2 月	SAA2008 年 9 月至 2009 年 2 月
LG	0.90	1.03	-5.58%	-10.63%	-18.86%	-16.48%	-17.76%	-20.95%
LV	0.90	1.02	-4.66%	-9.09%	11.30%	8.45%	-22.79%	-24.04%
SG	0.92	1.05	-8.50%	-15.49%	-11.74%	-11.01%	-21.99%	-25.15%
SV	0.88	1.03	-7.10%	-13.15%	29.70%	25.80%	-24.47%	-25.42%
REIT	0.89	1.03	-3.19%	-6.63%	30.33%	28.28%	-32.34%	-33.38%
EAFE	0.91	1.01	-2.81%	-6.01%	-10.82%	-10.67%	-19.78%	-23.71%

小　结

投资者可以根据市场波动率来动态地调整资产配置。定位波动策略是当市场波动率增加时，减持股票类资产，增加债券类资产；反之亦然。该策略依赖两个基本的市场经验事实：(1)市场波动率和回报有较强的负相关性；(2)高或低的波动性往往持续一段时间。然而，有时定位波动可能不是一个很好的策略，主要原因是市场面临跳跃风险。

市场流动性的变化可以作为一个很好的指标来决定动态投资组合的资产分配。使用1980年至2010年的数据，研究表明股票市场的流动性包含有价值的有关金融市场的状态信息。根据市场流动性的变化来调整投资组合，可以提高投资组合的业绩。更重要的是，动态策略在下行市场时对投资组合起保护作用。

参考文献

本章主要参考本书作者合著的论文：James Xiong，Rodney Sullivan and Peng Wang (2013) Liquidity Driven Dynamic Asset Allocation. *Journal of Portfolio Management*.

Amihud，Yakov (2002) Illiquidity and stock returns，*Journal of Financial Markets* 5：31-56.

Amihud，Yakov and Haim Mendelson(1986) Asset Pricing and the Bid-Ask Spread. *Journal of Financial Economics* 17：223-249.

Datar，Vinay T.，Narayan Y. Naik，and Robert Radcliffe (1998) Liquidity and asset returns：An alternative test. *Journal of Financial Markets*1：203-219.

Kamara，Avraham，Xiaoxia Lou，and Ronnie Sadka (2008) The Divergence of Liquidity Commonality in the Cross-Section of Stocks.

Journal of Financial Economics, Vol. 89, No. 3 (September): 444-466.

Khandani, Amir E. and Andrew W. Lo. (2011) Illiquidity premia in asset returns: an empirical analysis of hedge funds, mutual funds, and US equity portfolios.

The quarterly journal of finance. -Singapore : World Scientific Publ., ISSN 2010-1392, ZDB-ID 26205993. -Vol. 1. 2011, 2: 205-264.

Næs, Randi, Johannes A. Skjeltorp, and Bernt Arne Ødegaard(2011) Stock Market Liquidity and the Business Cycle. *Journal of Finance*. Vol. 66, issue 1: 139-176.

Pastor, Lubos, and Robert Stambaugh (2003) Liquidity risk and expected stock returns," *Journal of Political Economy* 111: 642-685.

3.5 新型保险产品的规避风险功能

这一章讨论一些美国新型保险产品的规避风险功能，主要供保险从业者参考。

投资者的寿命越来越长，然而，在美国，作为退休生活保障的收入来源，如传统的界定福利退休金(defined-benefit pension)和社会保障金(Social Security)却面临更多的不确定性。传统的界定福利退休金和社会保障金，被认为是保证退休期间的生活收入的主要来源。现在美国企业，界定供款计划(defined-contribution plan)已经慢慢取代界定福利退休金计划，退休金管理的责任从雇主转移到了个人。其结果是，许多退休人员面临着两个风险，它们威胁到他们能否顺利退休：

1. 长寿风险——活的太长，这当然是好事，但积蓄面临用光的风险；

2. 投资风险——风险投资的表现不好，会降低投资者的投资组合的价值。

将要退休的投资者对控制这些风险的工具应该特别感兴趣。保险产品里大量的创新都围绕着帮助今天的退休人员减轻这些风险，并建立一个更安全的退休计划。不幸的是，这些保险条款有时难以理解，退休人员不清楚何时需要用到这些保险条款。

65 岁的退休人员平均可以预期再活 20 年左右。一些人可能不幸活不过 70 岁，但越来越多的人寿命超过 90 岁。这让人们确定退休以后每年能够花多少钱变得很困难。一旦退休，传统的投资组合和可持续的退休后的收入现金流，都对市场波动非常敏感。一系列的不合时宜的市场亏损会大幅降低他们的退休生活水平。在没有现金流出(cash outflows)的情况下，收益率的序列(the sequence of returns)并不重要。但退休后，现金流出让收益率的序列变得非常重要。这叫做收益率的序列风险(sequence of returns risk)。

有些人害怕钱不够，于是采取一些不必要的节俭的生活方式。一些人则走向另外一个极端，早早地消耗完自己的积蓄。然而，通过适当地组合传统的投资产品，如共同基金或交易所买卖基金(ETF)，及有收入保证的保险产品，大多数投资者能避免这些极端的生活方式。有收入保证的保险产品包括支付年金(pay-out annuities)或提供保证收入的变额年金(variable annuities with lifetime living benefit guarantees)。这两种保险被称为长寿保险，即不管投资者活多久都可以保证有收入。

第一种广泛使用的帮助投资者控制长寿风险的保险产品是支付年金(就是即期年金)。对支付年金而言，投资者一次性付款购买年金保险合同，作为回报，保险公司承诺只要他们活着就支付他们的收入。这本是很有经济意义的一种产品，但投资者不太愿意购买，原因是他们担心过早死亡(如车祸等)，从而一大笔钱要不回来。

一种新型的长寿保险，不需要将投资者的资产年金化(annuitization)。这种新形式的长寿保险，与年金提供的长寿保险类似，称为最低保证支出福利(guaranteed minimum withdrawal benefit, GMWB)，只要协议的条件得到满足，就可以保证投资者有生之年的收入。我们后面会看到，GMWB 可以被视作一个长期的看跌期权。GMWB 往往与变额年金(VA)账户链接在一起，有时也称为(VA + GMWB)。

表3.5.1比较了两种保险产品以及传统资产在规避通胀和长寿风险、流动性、遗产以及费用等方面的区别(见Van Harlow和Milevsky, 2007)。可以看出，传统资产在规避通胀风险上能力最强，因为它往往含有一些TIPS、商品、股票等。支付年金在规避长寿风险上能力最强，而传统资产最差。支付年金的流动性最差是因为它的不可逆转性。支付年金属于买断性保险，因而没有遗产留给继承人。支付年金一旦购买，无需再付管理费用。VA + GMWB则是很多特性介于中间，缺点是总费用较为昂贵。

表3.5.1　两种保险产品以及传统资产在规避通胀和长寿风险、流动性、遗产以及费用等方面的区别

	抗通胀	规避长寿风险	流动性	遗产	费用
支付年金	低	高	低	低	低
VA + GMWB	中等	中等	中等	中等	高
传统资产	高	低	高	高	中等

3.5.1　终身GMWB概述

延期变额年金保险产品(deferred variable annuity products)里最新的创新之一是最低保证支出福利(GMWB)。GMWB有时也被称为终身保证支出福利(Guaranteed Lifetime Withdrawal Benefit, GLWB)。GMWB给投资者提供了一些抵御下行市场风险的能力，投资者每年按合同能得到福利基数(benefit base)的一个固定的百分比(此百分比为最大允许提取率)，直到去世。典型的终身GMWB产品的福利基数的提取率在年龄为65岁时约为5%，但不同的GMWB产品的费用可能会有所不同。即使链接的延期变额(VA)账户的价值降到零，投资者的收入仍然会继续。福利基数，有时称为保护基数(protected base)，当市场表现良好时，可以在合约周年日被提高。VA账户的持有者死后，账户余下的款值将被支付给受益人，从而消除了投资者有关不幸早死时一大笔钱要不回来的担忧。

图 3. 5. 1 给出一个从 1979 年至 2008 年的 VA 账户的合同价值和福利基数的例子。VA 账户里的投资组合由 65% 的 S&P 500 指数和 35% 的美国中期债券组成。由于 1979 年至 1999 年的市场表现强劲，福利基数在 2000 年市场崩溃前的多年内被提高。

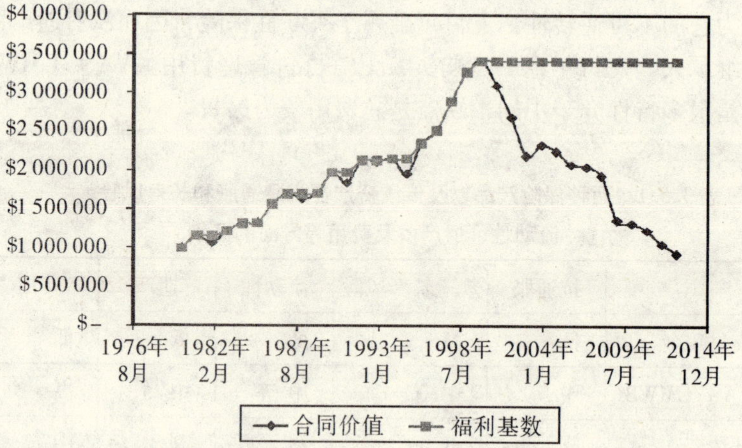

图 3. 5. 1　VA + GMWB 的合同价值(contract value)和福利基数(benefit base) (从 1979 年至 2008 年)

图 3. 5. 1 说明了几个 VA + GMWB 的重要点。首先，在上升的市场中(如 1979—2000 年)，合同价值和福利基数之间的差异相对较小。相反，在主要下降的市场(例如，2000 年至 2008 年) 合同价值和福利基数之间的差异是显著的。在这种情况下，撤销合同会导致重大亏损。因此，要实现这种类型的长寿保险的利益，投资者应该把 VA + GMWB 作为一种长期投资。

3. 5. 2　终身 GMWB 的定价

本节的内容主要参考作者合著的论文 Xiong，Idzorek，和 Chen (2010)。

投资者购买 VA + GMWB 产品之前，需要了解终身 GMWB 的价值。终身 GMWB 的价值直接关系到其费用。Bauer，Kling 和

Russ（2008）对这类产品建立了一个普遍的定价框架。Holz，Kling 和 Russ(2007)应用 Bauer，Kling 和 Russ（2008）的框架，使用蒙特卡罗模拟技术估算了终身 GMWB 的价值。在本章中，我们应用 Holz，Kling 和 Russ(2007)的方法来计算终身 GMWB 的价值。这对国内保险业设计同类产品有重要意义。

影响终身 GMWB 价值的相关参数，包括 VA 账户投资组合的波动性、投资者的年龄、最大允许提取率和福利基数被提高的频率。

图 3.5.2 显示了终身 GMWB 的价值与 VA 投资组合的波动性之间的关系。在图 3.5.2 中，假设无风险利率为 4%，福利基数被提高的频率为 1 年。标准期权的定价理论指出波动性越大，期权价格越高。同样的结论适用于终身 GMWB。如果保险公司不管 VA 投资组合的风险都收取一样的费用，投资者应该选择一个高风险的 VA + GMWB 的资产配置，因为高风险的资产配置能有更大的几率将福利基数提高。

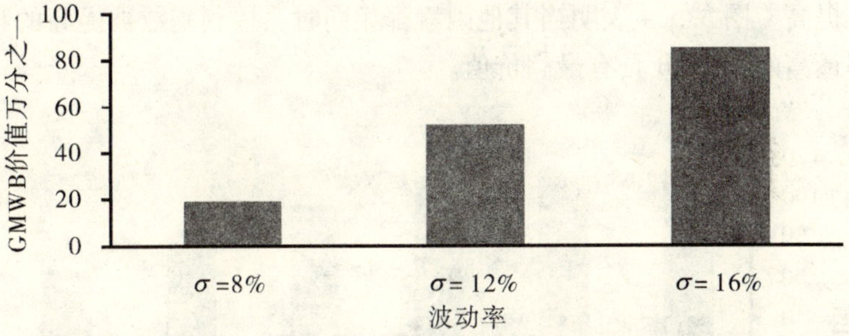

图 3.5.2　终身 GMWB 的价值与波动率的关系

图 3.5.2 显示对一个波动率为 16% 的 VA 的投资组合而言，终身 GMWB 的价值约为 0.8%。目前，美国典型的 GMWB 费用范围为 0.8% ~1%。

对一个典型的新的 VA + GMWB 合同，投资者的年龄越大，最大允许提取率会增加，例如，在 65 岁时为 5%，70 岁时为 5.5%，75 岁时可能升到 6%。图 3.5.3 显示了年龄和最大允许提取率对 GMWB 价值的影响。我们假设 VA 的波动率为 16%，无风险利率为 4%。可以看出，即使在 75 岁时有较高的提取率 6%，其终身 GMWB 的价值仍然为略小于 65 岁提取率为 5% 的 GMWB 的价值。

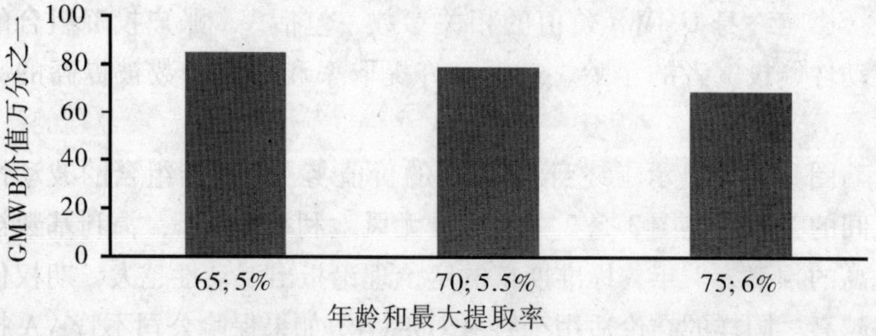

图 3.5.3　年龄和最大允许提取率对终身 GMWB 价值的影响

图 3.5.4 显示了福利基数被提高的频率对 GMWB 价值的影响。频率范围从每天、每周、每月、每季(每年 4 次)、每年 1 次以及不提高。图 3.5.4 表明当其他因素都相同时，福利基数被提高的频率最高的 GMWB 具有最高价值。

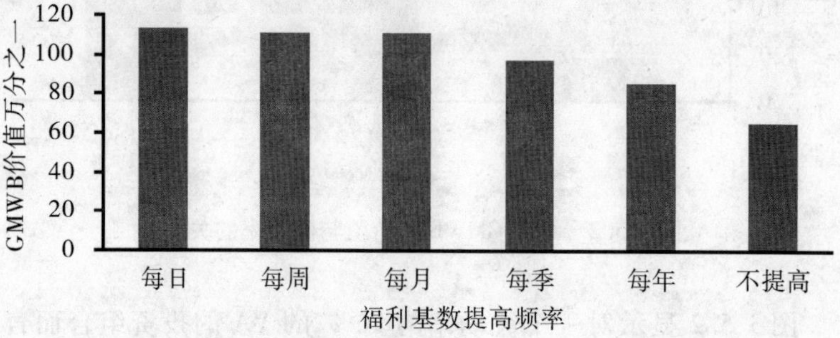

图 3.5.4　福利基数被提高的频率对终身 GMWB 价值的影响

综上所述，VA 资产配置的波动率越高，GMWB 价值越高。福利基数被提高的频率越高，其 GMWB 价值越高。

小 结

有些退休者害怕钱不够，于是采取一些不必要的节俭的生活方式。一些人则走向另外一个极端，早早地消耗完自己的积蓄。通过适当地组合传统的投资产品，如共同基金或交易所买卖基金（ETF），及有收入保证的保险产品，大多数投资者能较合理的计划自己的退休资产配置。

本章讨论了如何估计一种新型保险产品——终身 GMWB 的价值。影响终身 GMWB 价值的相关参数，包括 VA 投资组合的波动性、投资者的年龄、最大允许提取率和福利基数被提高的频率等。了解这些产品的定价，有助于设计一些类似的保险产品，也有助于优化退休资产配置。

附录 A VA + GMWB 合约的价值

VA + GMWB 合约的动态价值是：

$$
\begin{aligned}
V_{t+1} &= [V_t - fM_t - gM_t] \cdot R_t \\
R_t &= e^{\mu - \varepsilon - \frac{\sigma^2}{2} + \sigma B_t} \qquad (3.5.1) \\
M_t &= \max(V_s, 0 \leqslant s \leqslant t) \\
\text{Income}_t &= gM_t
\end{aligned}
$$

这里 V_t和 M_t分别是时间 t 的 VA 账户的合同价值和福利基数。M_t是从最初到现在的合同的历史最大值，即合约价值的最高水位标记。B_t是零均值和方差为 1 的标准布朗运动。σ 是 VA 投资组合的波动率。g 是最大允许提取率。ε 是 VA 投资组合的总管理费用，$\mu - \varepsilon$ 是 VA 账户的净回报。f 是 GMWB 的价值。

附录 B 终身 GMWB 的定价

我们在 Holz，Kling 和 Russ（2007）的基础上使用蒙特卡罗模拟技术对终身 GMWB 定价。我们需要用无风险利率更换上面公式(3.5.1)的 $\mu-\varepsilon$（见 John C. Hull：*Options*，*Futures*，*and Other Derivatives*. sixth edition，294）。我们的目的是对 GMWB 作出合理定价(f)。VA + GMWB 的总价值包括累计取款和一个模拟路径结束后的合约价值，它的现值是：

$$\mathrm{PV}(j,X)=\sum_{t=1}^{115-\mathrm{age}} {}_{t-1}p_{\mathrm{age}}\cdot q_{\mathrm{age}+t-1}(C_t^j+D_t^j)\cdot \mathrm{e}^{-rt} \quad (3.5.2)$$

age：现在的年龄；

115：人的最长寿命；

115-age：投资期限；

X：最大允许提取率；

r：无风险利率；4%；

${}_{t-1}p_{\mathrm{age}}$：年龄为 age 时在未来 t 年生存的概率；

$q_{\mathrm{age}+t-1}$：年龄为 age + t 时在下 1 年死亡的概率；

C_t^j：在时间 t 的累计取款的未来价值；

D_t^j：在时间 t 的合同价值。

死亡率来自 2000 年精算师学会的死亡率表。在这个表中，例如，一个人在 64 岁时将有 0.81% 的概率在明年死。

我们运行 5 000 次模拟，平均现值是：

$$PV(X)=\frac{1}{5000}\sum_{j=1}^{5000} PV(j,X) \quad (3.5.3)$$

我们采用二进制搜索，让公式(3.5.3)的平均现值等于最初的购买量，例如 100 万美元。这样可以求出 GMWB 的价值。

参考文献

本章主要参考本书作者合著的论文：Xiong，James X.，Thomas Idzorek，and Peng Chen.（2010）Allocation to Deferred Variable Annuities with GMWB for Life. *Journal of Financial Planning*，February：40-49.

Bauer, Daniel, Alexander Kling, and Jochen Russ (2008) A Universal Pricing Framework for Guaranteed Minimum Benefits in Variable Annuities. *ASTIN Bulletin* 38: 621-651.

Holz, Daniel, Alexander Kling, and Jochen Russ (2007) GMWB for Life, an Analysis of Lifelong Withdrawal Guarantees. ARIA 2007 Annual Meeting Program, Session I E: Life Insurance-Investment and Longevity Risk. http://www.aria.org/meetings/2007papers/IE%20-%202%20-%20Kling.pdf.

Hull, John C. *Options, Futures, and Other Derivatives.* Sixth Edition, 2005: 294.

Van Harlow, W. and Moshe A. Milevsky (2007) Structuring Income for Retirement. Fidelity Research Institute. August.